最完整的中文催眠實戰手冊

催眠

150招

黃大一◎著

出版緣由

科學並非萬能，但卻是人類文明進展的尺標。

科學並未回答所有的問題，但卻是人類文明進展的原動力。

催眠非常古老，從兩百多萬年前，人類演化開始有「意識」以來，就是人類大腦發展出新皮質之後的一種必然、獨特意識狀態；在漫長的過去，不同歷史和地理時空內，雖然甚至沒有特定的名稱，或以不同的名稱存在，如，大家可能比較熟悉的巫師、巫術，或打坐、氣功等等，催眠狀態卻是每個人都具有的本能之一，人們不管知不知道，叫它什麼名稱，都未曾停止應用它；事實上，沒有催眠，人類這個生物種根本無法存活繁衍下來，我們每個人天天都進進出出催眠狀態，只有死人才沒有。

任何一門科學開始萌芽，都經過巫師、巫術的階

段，就如化學或材料學的老祖宗，就是煉丹師，這種歷史並不可恥；事實上，從人類考古學的發現來說，原始部落裡面，巫師是部落裡最聰明的主角，有形無形地控制著每個成員的日常生活、大小事情。

然而，任何學科必須經歷科學的嚴格洗禮，才能登入科學大雅之殿堂；煉丹術如果還是停留在巫術的階段，化學就無法登入科學的殿堂，這才是可恥的悲哀；所幸，如今的諸多學科，都已經過科學的嚴苛歷練考驗，為人類提供了一條合理的寬敞道路。

在十九世紀末、二十世紀初期，人們已經知道有「電」這麼一回事，而且在很多方面已經利用並享受「電」的好處，但是，「電」到底是什麼碗糕？卻只是知其然而不知其所以然；到了二十世紀，經歷了無數科學家的研究探討犧牲奉獻，人們對於「電」這個玩意兒才有比較深入的瞭解，也因為這些累積深入的瞭解，才產生你我今天諸多日常生活的方便；請閉著眼睛想一想，如果此時所有的「電」都罷工，不只從電線桿傳來的，還包括蓄電池的、發電機等等所有的「電」，全部都停擺，全球人類生活立即進入大災難，你能想像嗎？（啊哈！這就是一招催眠，厲害吧！）

這就是科學的威力。

面對著人類最古老本能之一的催眠，雖然在二百六十多年前梅斯莫爾（F. A. Mesmer）把它制式化，開創了催眠治療，然而，如今催眠和十九世紀末二十世紀初期「電」的情況很類似，還是停留在「知

其然而不知所以然」的巫術階段。

　　全球社會普羅大眾認為催眠是某種特異功能或怪力亂神者，比率非常高，絕大部分催眠師和催眠治療師所作所為，更推波助瀾，助長大眾的誤解；也就是說，催眠流傳到今，特別是在台灣這個靈異之島，還停留在巫術的階段，實在可悲！批判（Skeptical）科學家們對催眠嗤之以鼻，並非空穴來風或個人厭惡，諸多催眠界不但不和怪力亂神劃清界線，反而大搞特搞，被人家瞧不起，能怪誰啊？

　　其實，這也不能把責任完全推給催眠界，心理學也面對著同樣的困擾──不知道人腦如何運作？一直到上世紀快結束前幾年，人們只能從外表可觀察到的行為和語言來猜測內心，各派心理學家和理論，都是瞎子摸象，有人說這、有人說那，因為總不能把某大千金腦子剖開，看看到底她哪根筋出了毛病，竟然愛上了那個既酸又臭的窮秀才。

　　十九世紀早期歐洲大科學家法藍茲·高爾（Franz Gall）開創並成為廣為風行的顯學「顱像學」（Phrenology），甚至還發明了當時科技最尖端的儀器，測量頭殼的凹凸，判定你的個性和毛病，例如：若你的後腦勺骨頭因為嬰兒期睡覺姿勢不對而扁平，你就是比較沒有愛心的人；提出顱像學的高爾可能不懂，要不然他該好好把中文老早就有的「天生反骨」包括進去，讓那些獨裁者省掉很多抓逆賊的麻煩。

　　上個世紀末，科學界發生了一件大事，美國總統

宣告「腦十年」，歐洲也跟進；隨著腦造影術的儀器
和科技進展普遍化，再也不用把千金小姐頭顱打開，
就可以看到活生生人的腦內活動，哎呀！原來若某男
某女烏龜吃大麥看對了眼的話，腦內就會有四個地方
亮起來；透過功能性核磁共振、單中子造影術和腦波
儀等工具，人們現在可以開始研究、也開始瞭解過去
種種有趣心理和精神現象的真正原因──人腦如何運
作。

　　台灣傳統催眠界中，不管是催眠師也好，或是來
求助的個案，有很多都認為問題的癥結，或是來自小
時候的心靈創傷（被隔壁老芋仔性侵），要不然就是
前世造的孽，所以今生夫妻感情才水火不容，輪迴到
這輩子是用來還債的；因此，做催眠治療就等同於
「年齡回溯」、「前世催眠」，或者什麼「時間線」等
等荒謬怪譚。

　　不過，隨著腦研究的成果陸續出現，現在知道
了，人腦在兩歲以前，儲存記憶的腦細胞都還沒有發
展出來，電腦的硬碟還沒有接上去，如何把記憶檔案
儲存起來呢？那些回溯，根本就是幻想編出來的自欺
欺人故事；諸如此類不勝枚舉的傳統巫術催眠怪現
象，如今還是華人一窩蜂催眠界的主流，令人悲嘆。

　　此次，非常感謝本出版社的老闆，給了我們少數
這幾個「鐵齒叛逆」之徒一個大好機會，在華文大醬
缸中發出微弱的吶喊聲，就如〈永恆夏天〉（又名：
溫水煮青蛙）一文中那隻令人討厭、卻又唯一享受到

真正美好夏天的小青蛙；我們不怕當開路先鋒、當烈士，也無懼於不明確的路上，會有很多荊棘落石暗箭傷害，在這條路上，舔著傷口的血，覺得味道還不錯。

面對腦科學日新月異的眾多新發現，催眠界是可以有所選擇的；或者選擇完全忽略不管人腦的運作機制、走傳統催眠的老路線，畢竟，這是一條穩當又用了很久的平坦大路，兩百多年來，無數要跳樓的人，因它改變了人生、無數胖子的體重也因而減了下來、老菸槍戒了菸……無法數算的驚人效果。

另外一種選擇，需要有勇氣忍受被群眾圍剿的孤單，就是配合利用最新的腦科學知識，並從腦科學角度，來重新檢驗這門古老催眠領域的每個角落和每個課題，期望透過真正的腦運作機制，讓人們更瞭解並發揮催眠的威力，也同時把催眠從巫術的階段，推進到「催眠學」的科學殿堂。

因此，什麼是「科學催眠」？

簡單來說，就是以科學的態度來研究催眠，特別是透過應用腦科學和相關的情資，重新檢驗催眠領域的每個角落和每個課題；對於過去那些以訛傳訛的胡說亂論，包括我們自己說過的囈語，都會、也都該無情地檢驗批判，並提出合乎真正腦運作機制的催眠理論和應用方法。

因為腦科學本身還處於剛剛開滾的科學階段，面對著無限複雜的人腦運作，人們還只能從門縫裡略窺

一二，接下來應用它的科學催眠，更只能撿拾它桌上掉下來的零碎；即便如此，走在人後受到限制，我們還是欣喜若狂；比方說，透過簡單的腦波儀觀測，如今可以非常明確地回答每位催眠師都必須面對、但令人出糗的問題：到底他／她有沒有（何時）進入催眠啊？電腦螢幕上的腦波圖，眼睛一瞄就很清楚，根本不用猜測。

可是，也請特別注意，我們並不敢說、也沒說：科學催眠已經解答了所有催眠領域的每個課題；其實，剛好相反，好戲才剛剛開始上演呢！在腦科學陽光照射得到的小小角落，我們雖然陶醉於目前的一點點小小發現，但也知道，這場革命大戲，才只是揭幕而已；隨著腦運作機制的解密腳步，催眠學也將隨之起舞，登入正式科學的殿堂，我們可拭目以待。

但願，讓我們這些微弱的聲音，透過這套「科學催眠」叢書，盡一點知識分子綿薄責任，幫助古老的催眠做些心靈大掃除，若幸能微有「孔子做《春秋》，而亂臣賊子懼」的效果，走過人生這輩子也就夠本了。

微笑過人生！

推薦序一

欒貴明教授 中國社會科學院文學研究所 研究員

我不懂催眠，更未曾預料到會碰上這個陌生的課題，不過有個「無知者無畏」的口號在，好得多。

1992 年黃大一先生參加我主持的社科人文電腦應用研討會，他洋洋灑灑寫了萬言書〈中文電腦危（微）機〉，提出中文電腦發展的十大關鍵問題，與我多年來在錢鍾書先生門下研究文史、幹古籍自動化的諸多經驗，不謀而合，深得我心，從此和留美的化學洋博士成了忘年之交。

這次黃先生從網上傳過來他寫的兩本催眠書稿，並要求我幫他寫序，我一而再地推辭，畢竟我的領域和催眠實在風馬牛，實在不能讓我這個外行人誤導了內行人。然而，黃先生卻說：「對教徒傳福音，有啥意思？」只好花點時間看看他這兩本即將出版的書稿，寫寫我這個「非信徒」的看法。

　　我對於催眠的不瞭解，和社會上大多數人，並沒有太大的差異，催眠這個名詞當然聽過，報章雜誌電視上，也看過一些相關的報導，它似乎是不可思議的魔幻，與江湖術士那些把戲，有諸多的雷同和重複，以讀書人的角度來看，對於怪力亂神，總有敬而遠之的心態；可是，說真的，催眠的內涵到底怎麼一回事，實在不知道。

　　雖然我無法論證黃先生在《啊哈！催眠——催眠真面目》這本書內的諸多觀點和論述，然而，他從科學的角度來重新檢討傳統科學的態度，卻是絕對正確的，也非常值得肯定推崇；書內所提到的找到上帝基因、性壓力鍋、他研發的催眠腦波監測、催眠師的人格養成、環境催眠和當頭棒喝今日怪力亂神的謬論，都讓我對催眠有了進一步的瞭解，我也要說，啊哈！催眠原來是這麼一回事，催眠是人類的本能，而非裝神弄鬼的特異功能，原本的催眠迷幛似乎淡掉了不少。

　　他另外的那本《催眠 150 招》，把他過去的各種催眠引導方法累積起來，對於想學習催眠引導技巧的人來說，絕對是一本必備的工具書，就如實驗室的實驗操作手冊，每個學習者都會用到的。

　　看了黃先生的〈科學催眠叢書檄文〉這個題目之後，我嚇一大跳，素來知道黃先生異於常人，經常不按牌理出牌，他是學化學的，而過去搞中文電腦，後來又玩石頭挖恐龍，這次又要搞叢書，推廣科學催

眠，這真叫天馬行空，他有沒有撈河撈過界啊？何況他這篇檄文，不就是大軍出發前昭告天下討伐催眠界的牛鬼蛇神嗎？此人是否太狂妄了？不過，從過去他所專注領域投入的結果來說，認識他多年的我完全可以理解和信任。畢竟，能像他這樣，不管他玩那一行，總能玩出讓人吃驚的名堂來，比方說，外行人玩恐龍，卻能在國際頂尖的《自然》（*Nature*）雜誌發表論文的例子並不多，他就是少數中的一個。他關於「中文電腦危（微）機」的論斷，至今有增無減，越演越烈，也是一個我親身的證明。

黃先生以科學普及的角度來撰寫編輯這套叢書，以過去十多年來腦科學的新發現為基礎，重新檢查檢討催眠的各個課題，撥亂反正，再繪出背後的真相，試圖把古老的催眠，從巫術階段推進到嚴謹科學的殿堂。對於他的這份用心，我非常感動，也堅定支持。

黃先生的文章，深入淺出容易閱讀，讓我這個完全的外行人，也開始知道催眠學的真諦到底是什麼，這是人生莫大的收穫。

在此強力推薦這套科學催眠叢書，你萬萬不能錯過。

推薦序二

黃奇卿醫師 台灣應用催眠研究協會理事長

　　催眠的過程，基本上是在催眠師與被催眠者之間，透過彼此不斷的溝通而建立的，有效率的催眠，我們會依照被催眠者文化背景的不同，而採用不同的手段，同時還要考慮對象家庭的養成過程、文化社會背景，和每個人的成長環境不同，即使都是在同一個環境中成長的人，都會造就出每一個人獨特的個性，這些背景，催眠師能瞭解越多，當然越容易量身訂製所需要的引導方式。

　　也就是說，我們會用到不同的招式來催眠別人，想用任何一種招式，都要隨機應變，所以想要催眠別人之前，首要的是先要深入瞭解被催眠者的狀態與個性，以決定應該採取何種催眠的技巧；相反的，催眠師也要取得被催眠者的信賴；原則上，不管使用任何的方式進行催眠，都應該營造一種彼此信任的氣氛，

讓對象對催眠師產生信心；如此一來，想要進入催眠的境界，就近在只剩下一步之遙了。

如何催眠別人？這是許多人所好奇的問題，至於要如何快速而有效的催眠別人？這是想學習催眠別人者夢寐以求的境界，《催眠 150 招》這本書，雖然躺在光碟裡有多年了，現在總算要問世了，這本書，基本上是一本催眠引導手冊，上面提供了深淺不同的催眠方法，想學催眠別人的人，可透過它學習到各種不同的技巧。

在使用這些催眠技巧的過程中，要注意到的是，如果某種引導法不適用於某對象，失敗了，不要緊張，在應用任何催眠的引導技巧，剛開始時，只要技巧性取得對象幾個肯定的回答後，再連續取得對象幾個肯定的回答，催眠的過程，自然可以順利的進行下去。

不管使用那一種招式去催眠別人，這些招式都是催眠別人的手段，在催眠別人之前，先要在彼此之間建立起催眠的目的為何？如果催眠的目的，是產生自我療癒時，我們經常使用隱喻、年齡回溯、前世回溯、時間線等等技巧，目的是應用到被催眠者潛藏自己私密的內在，來重新組合自我。因此，不管用任何一種手段，都是催眠的一種過程和現象，而不是結果，重要的是，要將這些過程和現象，導向解決被催眠者的問題──即產生自療的力量。

推薦者簡介 黃奇卿醫師

《醫學催眠——整合身心靈的人性治療》作者

台灣應用催眠研究協會理事長

執業牙醫

美國催眠師協會公司認證催眠治療師、訓練師、董事

會認證治療師

美國催眠師協會公司台灣分會會長

推薦序三

田奕老師 北京文史研究院 總經理

　　前年的初春，我和我的老師欒先生去北京林業大學探望久未見面的黃大一先生，才知道他正在研究科學催眠。

　　我們到的時候，黃先生正用他寬厚、富於磁性的聲音，深入淺出地講述著催眠的種種。而且為了證明催眠的科學性，演講結束後就做了現場催眠。

　　兩年多時間過去了，我也只在那一次接觸了催眠，還說不清道不明這中間的奧妙。而黃先生已瀟瀟灑灑地完成了這麼多有關科學催眠的著作，不能不令人欽佩。看到這些著作我就知道，黃先生研究科學催眠，一如他研究中文電腦，一如他玩石頭，都一定會有許多宏論、許多成就的。

　　感謝黃先生讓我這個科學催眠的小字輩說了幾句真心話。

自說自話

　　自從和美國催眠師湯姆·史立福（Tom Silver）
與渦孟·麥吉爾（Ormond McGill）等人合寫並出版
了整套四本中文催眠書籍：《大哉問如何催眠》、《自
我控制抗老催眠》、《控制呼吸自我催眠消除緊張》、
和《濟世催眠引導加深祕笈》，四本書出版之後，曾
經多次多方接收到讀者們的反應說，這套書裡面介紹
了非常多的催眠招數，可是都分散在四本書內，有時
候，想找某一招，要翻好幾本書才能找得到；又說，
想要學習這些招數，翻起這堆書來也要花費一些時
間。

　　這些寶貴的意見，我們都聽到了，加上我們過去
開授教導催眠的課程，也有需要有一本類似於一般大
學課程的實習手冊，因此，把這四本書內的各種催眠
招數，總共 150 招，重新整理彙編，成為本書。至

於，如果有人說，為什麼我們一魚多吃，把過去已經出版過的東西，又重新拿出來出版？那麼，我也實在沒辦法討好每個人了，我自己抄襲自己的東西，總沒有犯到你的法吧！

此外，事先講明，本書是上面提過這套書內各種催眠招數之整合，目的在於提供給有心學習催眠者在練習各種催眠技巧上的方便，因此，催眠的大道理，也就被省略掉了，只著重於如何操作；看過這套書的讀者都會發現，在已經出版的書內，除了介紹很多種催眠方法之外，通常也會把相關的原理和竅門都加以說明，以免讀者們「知其然而不知其所以然」；不過，在這本實驗手冊，就不再完全重述，需要的話，請自行看這四本書。

雖然本書不談催眠的大道理，不過，筆者還是受到「唯恐天下不知」心態的影響，小道理總會在必要的時候點出來，這些通常是我們個人的珍貴經驗，可以幫助讀者省下很多摸索的時間；這一點還請看官大人們海涵。

本書將各種催眠法分成以下幾類，按序排列：

▲催眠師自我訓練

▲更高境界自我催眠

▲團體催眠

▲常用催眠引導

▲震撼與快速引導

▲加深催眠

▲催眠喚醒

哈！終於能把這本書整理出來，總共 150 招！應該是在中文催眠書籍中，算是最完整的實戰手冊了。

目 錄

·26· 催眠150招

六、震撼與快速引導　253

一、前言──
重溫幾個概念與名詞

制式催眠的過程

- ·填表、做聽話度問卷。
- ·催眠前的談話──建立和諧，取得互信，瞭解
  情況。
- ·催眠引導。
- ·導入催眠。
- ·加深催眠。
- ·催眠治療過程。
- ·喚醒。

建立和諧取得互信瞭解情況

　　本階段也可稱為應用清醒催眠，主要的目的在透

過談話和親切的溝通，瞭解對象的催眠個性，以決定應該採取何種催眠的技巧；原則上應該營造一種彼此信任的氣氛，讓對象對催眠師產生信心。

催眠師首先做簡短自我介紹，表達善意，並且主要的目的在於協助他這個人，讓他把壓力放開、增強自信心等等；接著簡短介紹催眠（十分鐘左右），讓對象提出有關催眠的問題，強調透過催眠，我們可以幫他解決他的一些個人心理和／或生理上的問題；瞭解並分析其諮詢問題所在，設計催眠建議。

催眠引導語調與動作的類別

在進行催眠的過程中，催眠師有兩種基本的態度可使用：一是慈母性的語調與動作，另一種則為嚴父型；對於心中抗拒型的對象，必要的時候，必須採用嚴父性的引導言辭，使之放棄抗拒；一旦將對象帶入催眠狀態中，就可改用比較慈母性的口氣和手段，雖然，對於某些對象，在達到眠遊狀態之前，還有部分意識抗拒，偶爾的嚴父性還是有所必要的。

在被催眠過程中，不是所有的人都受同樣方法的影響，人們的反應，因不同的聽話度，會有所不同，甚至會有重大的不同，某人對權威式（嚴父型）回應最好，另一個人卻要溫和式（慈母型）的引導方式；要成為一個催眠師專家，就要學會以最適當的方法，把特定對象催眠，它是一種藝術，透過經驗而來，幾

乎是一種直覺，知道怎麼做最好；原則上，生理性聽話度者，直接使用嚴父性（命令式）引導，而情緒性聽話度者，則採用慈母性（說理式）引導。

清醒催眠注意要項

使用你的創意想像力，你會想出很多有效的測試，你能在清醒催眠中做到，當你做這類引導或表演的時候，只要遵照下述通用規則：

- 要催眠對象瞪著你的眼睛，不要眨眼。
- 告訴催眠對象去想像你要他想的。
- 讓你的建議清楚地表達，你希望從催眠對象所得到的效果。
- 把你的建議精確地公式化，像一個指令。
- 正面地下達建議，像一個指令。
- 通常用一個暗示／時間於建議中，如算數目「一……二……三」。
- 當要效果發生時，強調「三」，並且以手指直接指著催眠對象來強化效果。
- 以靠近催眠對象耳朵彈手指或擊掌，來結束每一個測試，合併建議：「很好……影響……已經……不見了……現在……你……感覺……很……好」。

在使用於新催眠對象的時候，最好要多次重複建議，最少三次，好讓建議進入潛意識；重複是建議的驅

動力量；對於以前曾經被催眠過的催眠對象，只需要瞪著他的眼睛，給他一次所要的建議，它就會發生。

使用這些規則，你會發現清醒催眠驚人的效果。

進入催眠原理——信息單位超載

信息單位的超載，正是進入催眠的不二法門，因此，雖然是在意識層面的溝通，任何可加強信息單位密集轟炸的技巧，都可看著情況使用；催眠師的整個引導，必須精心設計，在「談笑風生」間，不著痕跡地產生此種信息單位超載現象。

建議的力量

建議的力量是人類生命的要素，它可能是成功或失敗的基礎；適當地給予某個建議，在心智之內產生期望，到一種地步，若重複有夠多次的話，最後被心智接受，當作真的；到某種程度，每個人都使用建議的力量；有些人有意識性，有些人無意識性使用，有些人有結論，有些人沒有結論；若某人越是知道如何刻意使用這種力量，這種力量越是有效；在催眠方面的訓練，帶來掌控這種改變別人意見的力量。

最有效使用建議的力量，在說出來之前，先在你自己心智內好好想一想，以直接轉變進入接收者心智的方式來想，然後直接照著此肯定思想說出來，這樣

做，大大地增加建議的力量，提升你所表達的催眠衝擊。

建議公式

　　建議公式（Suggestion Formula）須依照對象實際的情況設立，參考他的聽話度類型，以正面、簡短有力的辭句來表示。

給予建議要點

　　當試著要對象產生影像或幻想的時候，催眠師要記得以下的規則：

- ·在傳達有關實驗建議給催眠對象之前，要在自己的心智上好好想透。
- ·在告訴催眠對象睜開眼睛之前，最少三次給予建議，重複強化建議，也進一步準備他的心智，以事先產生一個精神影像。
- ·以正面和直接的方式，給予你的建議，例如，不要說：「我希望你看到」，而要簡單地說：「你會看到，等等……」；所做的建議要保持簡單，潛意識心智運作最好。
- ·當催眠對象睜開眼睛去看建議是什麼的時候，用你的手指著想像的東西，好像你也在看它，堅持它在那裡。

催眠師的準備

　　成為催眠師的資格是，首先自己要有完全的自信、強烈的意願，以及想要並瞭解如何使用；接下來就是自我控制，在期望控制別人之前，你必須先學習如何控制你自己；對催眠師來說，自我控制的意思是，不可被激怒發脾氣、以清晰聲音說話、有條理有組織、德行好，並盡力而為；穿著應該整齊和乾淨，從你所做的和所說的，要顯出品味，你必須說服人們和你合作，而不是和你對抗，絕對不可爭吵，不要期望能催眠每一位你所碰到的人，你的成功百分點，會隨著你的經驗而增加；此外，精心安排的催眠環境，也可幫上大忙（見《啊哈！催眠——催眠真面目·催眠術入門》）。

催眠過程注意要項

　　1. 如果某種引導法不適用於某對象，失敗了不要緊張，沒什麼了不起，反而要老神在在，你知道這一招對他無效就好了，立即改用別的招數。

　　2. 事實上，催眠師不應該只用一招，就希望能把對象帶入（深度）催眠狀態中，即使第一招就夠有效了，也要叫對象把眼睛睜開，再用其他引導法，如此反覆多次（詳見反應式引導法）。

　　3. 與對象訂約！口頭上徵詢對象同意被催眠。

這一件事，不僅僅是禮貌性的動作，實質上，我們是要對象從自己的口中說出「好」，而這個「好」主要不是說給催眠師（或滿足法律需求）聽的，而是他說給自己聽，我們所要的是從他自己的意識上，透過一個明確、而且是自己刻意的意識動作（嘴巴說出來），准許他自己被催眠；這是一個很重要的關鍵。

開始每次的催眠引導，先說下面：「我來幫你催眠，協助你，我會好好照顧你，你很安全，你要我把你催眠；我要你完全照著我做，不要絲毫思考，我就可以幫助你，戰勝阻礙你健康和快樂的因素。」

「你瞭解而且答應讓我催眠你嗎？」對象會說：「是（好）」；然後對對象說：「現在我們約定好了！」

「我會催眠你，讓你戰勝你人生的阻礙，你立即毫不思索地照著我要你做的去做，你就會進入一個深沈催眠放鬆的境界。」

以上就是治療師和對象的約定，接著就可以各種催眠引導法，來協助對象進入更深的催眠狀態，以便進行催眠諮詢。

4. 技巧性取得對象幾個肯定的回答。

取得對象連續表達幾個肯定的回答，接下來問題和要求的答案，也會順著下來是肯定的（商業上行銷員常用這一招），因此，催眠師要技巧性地讓對象做出幾個肯定的回應，如：要對象坐好、雙腿自然張開、雙腳掌平貼地面、一隻手放在一隻大腿上、把眼鏡拿掉、關上拿下呼叫器／行動電話、把上衣口袋的

筆（香菸等）拿出來放在旁邊等等，都是很實用（而且必要）的技巧；有時候，明明對象都已經把這些請求做好了，還要故意要他稍微往前（後）坐一點點，這些都是養成他聽催眠師指令的技巧。

5. 事先告知接下來做什麼。

催眠要在一個願打一個願挨的情況下才好進行，因此，彼此的信任與和諧之建立，絕對必要；所以，所有的引導動作，最好事先告知對象，讓他知道即將發生的事情，比方說：「當我算到三的時候，就深深地吸一口氣，然後憋著三秒鐘，然後再慢慢地把氣吐出來，好，現在，一……，二……，三吸進來，吸進來……」；如此一來，對象也知道將會發生什麼情況。

6. 提醒對象順其自然。

在各種對象中，會有從看電視舞台催眠表演節目中殘留「被催眠之後，就會完全受催眠師擺布」的錯誤印象的人（這是舞台催眠最糟糕的副作用），因此意識上還會有幾許的懷疑和抗拒，人之所難免也，因此，他會在腦子裡面不停地分析催眠師的每一句話（誰願意完全受魔術師掌控？），因而妨礙了他進入催眠；另一方面，也會有一些對象，在前面的意識溝通（建立和諧階段）中，完全接受並相信催眠師，而產生了過度的熱誠，很希望很快就（聽話）進入催眠狀態，因而心裡不停地問：到底我進去了沒有？或者因過去對進入催眠狀態的錯誤認知，比方說，有些對象會心裡認為，如果他沒有變成洗衣機（或瑪丹

娜），他就還沒有進入催眠狀態（他心裡一直在等待變成洗衣機，才算進入催眠），而事實上進入催眠那個剎那，並不會有敲鑼打鼓正式宣告的聲光效果等；這些過度與不足的心態，都會增加進入催眠的困擾，因此，催眠師要提醒對象：「不要抗拒我，也不要幫我，只要順其自然，照著做就好，你就會有個很美妙的經驗。」

7. 逐漸帶入深度。

新手和老手的催眠師有一個差別，老練的催眠師，心中不會著急，會一步步引導，老神在在，這一招對這個對象沒什麼效，改用另一招，而且他不會期望一蹴可幾，只用一次的引導，就把對象帶入深度的入神。

任何一個第一次被催眠的對象，催眠狀況對他來說，都是陌生的，都是未知，而未知會產生恐懼，反而會使他保持清醒，不容易進入催眠狀況；因此，催眠師要一步一步引導，先從輕度地進入，再用本書各種方法，逐步引入最深的入神狀況，比方說，為什麼逐步放鬆要做那麼久（至少十至十五分鐘）？就是要對象很熟悉放輕鬆的情況，把他的警戒心完全解除；對催眠師來說，反覆重複同樣（或類似）的台詞，有時候自己真的會覺得厭煩，但絕對不可以如此，一定要一步一步來。

8. 逐漸帶入回溯。

同樣的道理，要得到好的時間回溯，也無法一蹴

可幾，一般人從來（或很少）沒有透過潛意識回想某些事情，都是在意識層面回想（包括在考試的時候），因此，催眠師要讓對象逐步熟悉潛意識回憶的過程，不要、也無法一次就想達成好的結果，他還不熟悉這種記憶擷取的方式；回溯過程可以如下漸進的方式進行：

大自然美景（沒有時間性的時間回溯）。

快樂童年（或快樂時光）（略有時間性的回溯）——做二至三次。

（必要的話）前世——可做兩次。

年齡回溯（明確時間性的回溯）。

9. 回溯到某事件，而非某年月日。

對於任何人來說，如果你問他：「某年某月某日幾點鐘，你在做什麼？」能正確回答的並不多，即使被逼著回答，也有很大的可能根本不是那麼一回事；但是，大家都可以記得人生中某些重大的事情，特別是對他而言重大的事情，一輩子也難以忘懷，如初戀的情人，不論和後來的老婆感情有多好，總是不會忘掉的（可以不想，但無法忘掉）；換句話說，人們會記得事件，再從事件去關聯到時間與其他的細節。

因此，除了少數對象之外，快樂童年回溯，要從某事件切入，先讓對象回到某事件，然後再引入時間和其他細節上去，避免用「你現在回到某年某月某日（某時）」等非常明確的時間，我們一般人的記憶，不是這樣子運作的，而用如：「你現在回想到那次事

件，你就在現場，告訴我你看到什麼？……那是那一天？禮拜幾？好嗎？上午、下午或晚上？」

10. 考慮對象的文化社會背景。

每個對象成長的環境都不同，即使都是中國人，但是都有他個別的養成環境，造成他獨特的個性，這些背景，催眠師能瞭解越多，當然越容易量身訂製所需要的引導方式；然而，本項要講的，不是大到不同種族文化的差異，而是在同文同種社會內的微細差異，比方說，對象若從書香世家出身，和從撿破爛家庭出身，當然就會有不同的人生價值觀，外省人／本省人、北部人／南部人、宗教背景、教育程度、從事工作行業等等，都會改變影響對象的人生態度，好好善用這些資訊，就可以得到比較好的結果。

11. 不可急，慢慢來。

催眠治療雖然是按時間算錢的，催眠師還是有充分的時間可用，不要急著一下子就完成，也不可能如此；因此，催眠師心理上要準備好，可能需要好幾個小時。

台灣俗語說：「呷緊弄破碗」，催眠師如果心裡一直想趕快完工，當然會影響到所做的成果；請不要忘記：對象在深度入神中，他的感官也比平常靈敏八倍，你所有的表達動作，他都可能偵測到，所以如果催眠師顯示任何不耐煩的口氣或動作，對象當然也會跟著反應。

12. 不要有情緒反應。

　　在催眠狀態中，特別是深度入神的情況下，意識上的情緒控制可能不復存在，因此，往往也會碰到對象突發性的情緒爆發反應，大哭大笑大吵大鬧等等，這些都很有可能，也會發生，如果某事件情景很悲慘，對象可能會痛哭流涕，也可能會「躲」起來，或甚至引發多重人格等等「失控」的情況。

　　因此，催眠師必須要有心理準備面對這些情況：首先，催眠師不可以自己被嚇跑了，對象發作，讓他去，很容易處理安撫；第二，可以把對象和情緒分開，要他暫時把他從第一人稱帶到第三人稱的身分看此事，把相關的事情描述出來，而沒有任何的情緒反應；當對象轉入第三人稱的時候，他還是「活在」事件當中，但已「脫身」為「旁觀者」，不會有當時痛苦情緒的干擾，可以客觀平實地敘述事件的發生經過；對象在情緒反應情況下，就無法如此。

　　13. 多次複查日期或事件的準確性。

　　因為在深度催眠的狀態中，對象自然會有時空扭曲，以及達到沒有限制幻想的狀況，因此，如何判斷對象所講出來的是從記憶中叫出來真實的情景，而非幻想，這是一個核心但又棘手的問題。

　　要確定對象是正確的記憶回叫而非幻想，有多種測試的方法，主要是表意馬達（ideo-motor）的應用，以及多次複查日期或事件，也就是說，同樣的日期／事情，先後問好幾次，比方說，在快樂童年開始的時候，問他是那一天、上午／下午，在做什麼等

等，讓他繼續描述當時的情景一段時間之後，做些別的引導，然後催眠師在突然之間，又問他是那一天什麼時候，禮拜幾等同樣或類似的問題，這些刻意的重複問題，可以做多次，比較這些答案，如果對象在幻想中，則他所給的日期／時間／事件等等，將有所出入，如禮拜幾往往會前後不同等等；當對象真的是從記憶中回叫事件，則這些資訊前後會一致。

若有腦波儀監控，突然間出現了相對強烈的 β 波，則該答案的可信度必須存疑。

生物回饋

若在催眠中，在對象的身上安置有某種生物回饋（Bio-Feedback）的道具或儀器，如皮膚電阻測量計或腦波測量儀，可以達到兩個目的：

1. 在對象腦子裡面產生未知，他搞不懂這些身外之物到底是要幹什麼的，到底要測量他什麼東西，這種未知，即使沒有用在實際測量方面，本身就可以讓對象自己產生大量的訊息超載。

2. 從儀器所得到的資訊，可以協助催眠師瞭解對象進入催眠的深度，並可判別是否在假裝，比方說，皮膚電阻的測量，可以讓催眠師瞭解到底對象有沒有真的放鬆下來，而腦波儀則可告訴催眠師，到底對象進入那種深度的催眠狀態（詳見《啊哈！催眠──催眠真面目·催眠術入門》）。

催眠師觀察要點

　　最好是使用腦波儀，可以即時觀測任何時刻對象的腦波變化，如有無進入催眠、進入深度等；如果沒有使用腦波儀，而只用口頭引導，在適當的時刻，要被催眠者睜開眼睛，觀察他的眼睛：

　　·眼睛內的紅色。

　　·淚水增加。

　　·眼白變粉紅，雙眼有呆滯失神的表情。

　　·上眼皮和上眼球往上翻（若眼白占三分之二，則已經進入眠遊狀態）。

　　當對象眼皮閉著，注意看他的眼球，觀察是否有快速眼球移動（Rapid Eye Movement, REM）或眼角抽動的現象，這是進入輕度催眠最確實的生理徵兆；此外，當對象進入催眠狀態之後，呼吸會變得緩慢，身體各部分肌肉陸續放鬆，臉部肌肉放鬆可明顯觀察到，如果對象的嘴巴張開了，那就太好了，因為下巴的肌肉比較難以放鬆，有時候催眠師還要刻意下指令，要對象把嘴巴略略張開；通常，做完催眠的對象，整個臉部的肌肉會放開，不如催眠前的緊繃；再者，當對象有進入在催眠中的時候，他的講話速度與聲量都會慢小下來，有時候甚至一副討厭人家干擾他的樣子，愛理不理的，這些都是正常的現象；這也就是說，從對象的答話情況，催眠師可判斷對象有無在催眠中，和進入多深的催眠狀態；萬一，對象講話方

式沒有改變，還是條理分明，很可能他就是在裝假配
合的。

暗喻的使用

催眠引導，或說整個過程中，經常使用各種暗
喻（metaphor），以對象所熟悉的景況，引導他進入
更深或所要的催眠狀態；暗喻的種類有很多，可從日
常生活大家所熟悉的情況取得；比方說，催眠引導的
手指貼臉法中，採用了磁鐵相吸的暗喻，手指分開法
中，要對象想像在手指之間塞入了小木片，雙手輕重
法中的氫氣球和重重的書，下樓梯法的往下階梯等
等，都是暗喻的使用。

誤導的妙用

事實上，在整個催眠的過程中，催眠師要三不五
時使用不合乎邏輯的引導過程和辭句，也就是誤導；
比方說，在從某數算到零的過程中，刻意跳過某數、
重複算某數、不算完整串數字、從頭再算起……等
等，都是刻意打亂對象的殘餘意識；再者，所使用的
言辭，可盡量利用同音詞、暗喻、不完整詞句等等，
這些技巧的使用，主要是引發對象意識上的混淆，而
導致他無法在意識上再繼續分析搜尋其意識內現有的
對應，比方說：「你的眼皮現在很放鬆，好像洩氣的

皮球一樣，你的眼皮現在黏在一起，黏得很緊，打不開了……」這一段引導辭句，使用了暗喻（洩氣的皮球）和邏輯矛盾（眼皮放鬆↔黏得很緊），又如：「你現在整個身體完全放鬆，放得非常鬆，好像氫氣球飄到椅子下面去了……」，也是暗喻（氫氣球）和矛盾邏輯（飄到椅子下）。

表意馬達

在做回溯的過程中，通常要配合使用表意馬達，一方面讓催眠師看到對象已經明確的進入回溯狀態，另一方面，表意馬達也可以用來衡量對象所講出來的話有多少真實──要不然，如何判斷催眠偵訊所得到的資訊是真的，而不是幻想呢？常用的表意馬達是利用某隻手臂（較大的肢體動作），或某根手指頭（較小的肢體動作），給予對象引導和指令，他的這隻手（手指頭）高高地舉起來，代表回溯的影像很清楚，而且他所講的每一句話都是真的，如果他講假話，則他的手（指）會垂下來；這種肢體的高舉，在一般意識情況下，沒有辦法舉幾個小時都不動的；因為表意馬達就是利用潛意識控制這隻手（指），對象不會知道，事後頂多會稍微抱怨該手（指）有一點點痠而已──這種痠，只要再給予一個催眠建議就可完全移除掉，不會造成任何傷害；潛意識控制肌肉和意識控制肌肉有很大的不同，意識清醒的時候，你無法要求任

何人把手臂舉著幾個小時不動，而且當他撒謊的時候，他可以控制手不動；然而，當在潛意識控制肌肉的時候，他的表意馬達器官不會有意識控制的疲累，而且潛意識（記憶）有什麼，就會直接反應出來，因此，配合給予對象一個指令：「如果你撒謊，你的手（指）就會垂下來（會動）」，它的功效比任何檢警單位的測謊儀器還要有效並準確——百試不爽；當然啦，在設定表意馬達的過程中，可以先測試故意要對象說出假的答案，他的手（指）就會有明顯的動作告訴你。

本方法是用以確定對象所言為真的主要方法之一，否則難以區分幻想、扭曲記憶與事實——如何偵測在回溯中對象所講的是事實，而非刻意編造的？在深度催眠中，時空極度扭曲、幻想不受限制，如何確定對象所言是從真實記憶中所叫回來的？表意馬達就是一種很有用的指標；當然啦，表意馬達並不限於某隻高舉的手臂或手指頭，整個對象的肢體語言也必須詳細觀察，以更加確定某回答的可信度。

某些人不適用

說真的，任何一個催眠師都不願意碰上這種情況，臉上無光是也，沒有把對象帶入所需要的催眠深度，而無法進行治療；然而，我們也必須面對事實，有一些人是難以在短時間內帶入所要的催眠深度，也

有些人可以説「根本」無法被催眠。

當然啦，這其中有一個重要的關鍵，那就是催眠師的功力如何，經驗老到的催眠師，可以不知不覺地把對象帶入催眠狀態中，或在比較短的時間內達成目標，經驗比較不夠的催眠師，有時候要花很長的時間，有時候對於明明可以被催眠的人，卻無法將之帶入催眠，這是催眠師經驗豐富與否的問題。

然而，對象沒有進入所要的催眠深度，或甚至根本沒有進入催眠，並不能完全推給催眠師負責，有一部分的原因是在對象本身，比方説，如果對象受藥物影響、缺乏睡眠、腦神經已破壞者，都屬於無法被催眠的狀況；也就是説，如果對象因為某種原因，而注意力根本無法集中，或者，對象的抗拒力絕對地堅強，催眠師的歷練再好，效果也將非常有限。

先以受到化學藥品影響者來説（*腦神經已經毀損者不必討論*），影響人類大腦的化學品有很多種類，從非常輕微的到非常激烈的都有，而且，同樣的化學品，對於每個人的影響程度都有所不同；比方説，感冒藥（*含抗組織氨酸*），很多人吃了之後會感覺到遲鈍，想睡覺等等，又比方説，酒精對於腦神經的麻痺作用，因人而異，也會嚴重影響對象被催眠的程度；因此，如果對象昨天晚上喝酒、嗑藥、睡眠不足等等，都不適合催眠。

對於有一些所謂「頑固」或「抗拒」型的對象，問題可能就不這麼簡單；是的，我們常説，如果某人

一路抗拒，連上帝也無法把他催眠，雖然這種人占人口的比例不多，可是，總是有的；在另外一方面，如果某人事先知道他要被催眠，而他認為在催眠中他會失控，而把他不想、不該講的事情講出來，或他對該事情有所隱瞞，或他認為他所講的將使他蒙羞，則這種人心裡會有頑強的抗拒，外表口頭上他可能會說完全願意配合（因為某種原因），但是心中卻一直和催眠師打仗，比看誰厲害；這種人或許需要比催眠更重的手段，才有辦法。

不論催眠師的歷練如何，有如任何聰明的人都有可能被騙，催眠師也不例外；以催眠來說，催眠師通常可透過對象的某些生理反應，如快速眼球移動、呼吸緩慢、身（肢）體放鬆、言語動作遲滯等等判斷催眠的深度，年齡回溯也可提供某些催眠深度的判斷，但是，即使有這些徵兆，還是有可能誤判──催眠師可能被騙；使用腦波儀監測催眠，似乎是催眠師目前最好的免於受騙方法。

因此，催眠師不可大意，絕對不可有輕敵的心態，反而應該反覆的驗證，確定對象是真的處於深度催眠之中，而且在過程中，催眠師要三不五時加深對象，或甚至把手按在對象額頭或肩膀上等──此動作稱之為下錨（Anchoring Down），是一種加深並保持催眠深度的技巧。

催眠師的眼睛和聲音訓練

　　催眠師該早早發展出一種穩定和誠心的凝視，若你用你的眼睛來催眠，盡量少眨眼睛，效果會更好，以下是練習催眠凝視的方法。

　　晚上上床之前，站在鏡子前面，穩穩地看著你的眼睛，盡可能地不要眨眼，開始嘗試的時候，你可做到大約一分鐘，第二次練習的時候，你會看得更久而沒有眨眼睛，起初它使你的眼睛明亮，過幾天後你的練習就會發展成催眠凝視，繼續練習，每次增加一點點時間，一直到你能保持穩定的凝視，五分鐘都不眨眼；不讓你的眼睛游移不定，但當你看入你催眠對象的眼睛，保持你的凝視集中進入他們的眼睛；直接看著某人的眼睛，立即建立催眠師和催眠對象之間的信心；眼睛被叫作靈魂之窗或最深的意識部分，顯示某人的個性、意志力、決心和力量。

　　催眠師也要發展一種聲音，表達自我控制和力量；一個尖銳、不確定的聲音，無法有效地展現建議；催眠師該以愉快、並帶著威嚴的語氣說話，表現自信，要求對方接受，好好練習發展你的聲音，有如練習你的催眠凝視；你必須學習如何給予正面、帶著說服力和精確的建議，要好好練習，在此有一個練習，你可以試試：

　　獨自到你自己私人的房間，對著一張空椅子、桌子或任何你要的東西，大聲講話，什麼東西都無所

謂，它唯一的目的只是提供你個人給予最有效建議的<u>練習</u>；最有效的建議，就是有影響力的建議，而有影響力的建議，就是正面的建議！

站在鏡子前面，注視著你自己，對你的影像說：

「我要成功，變成一個大催眠師」。

「我的聲音越來越完美，越來越有效地呈現會被遵照的催眠建議」。

「每一天，在各方面，不管我說什麼和我怎麼說，我的聲音越來越有催眠性」。

學習以愉快均勻的語調說話，保持低聲調，對你自己講話，有如你和朋友交談，並不需要大聲講話，只要使用一般的語調，好像在談話，一個均勻的語調聲音能達成美妙的結果，學習以正面地帶著要求對方接受的方式來說話，練習正面說話的方式，你可以在房間內看著某家具，想像它是活著的人來自我練習，給它指令，對它講話，好像是它必須聽話不能拒絕；對它說：

「你會照我告訴你的去做！」

「你必須做我告訴你的！」

「你不能抗拒我！」

對著想像的人，用有力的方式，說這些片語好幾次，嚴肅地練習，不要害怕太過教條式，因為這只是你自己在練習而已，如此做一個禮拜，最少每天做這個練習一次，然後，以你接觸的人們做同樣的練習，自然地你就不會使用這種教條式的字眼，但會用同樣

指令方式，使用你的意志力、對你自己有自信的方式
來說話。

環境催眠

在你的催眠引導過程中使用背景音樂，會有很大
幫助，有如母親唱搖籃曲讓孩子睡覺，同理，柔和的
音樂也會引誘大人；使用唱片行容易買到的柔和、冥
想類的音樂；保持音樂柔和，不會干擾你的口頭建議
公式，微妙地使用，它協助入神引導；你能試一個有
趣的音樂實驗，給催眠對象一個催眠後建議，當某音
樂響起，他將立即進入深沈催眠；今日藉著科學儀器
的進步與音樂的研究，已經發展出非常有效率的催眠
音樂（Hypno Music），很容易把對象帶入催眠狀態
的腦波之中。

有很多種引導催眠配備可用，如來回螺旋轉
盤、閃爍光、旋轉鏡子等等，這些被用為凝視目標
（Fixation Object），催眠對象被要求把注意力集中在
其上；催眠對象要坐在配備前面，在暗的房間裡，它
被照亮，要他集中注意力於配備上，原理是讓他的視
覺神經疲憊，在集中注意力於有效的儀器五分鐘之
後，眼睛閉上，確定睡覺，告訴催眠對象，所期望的
是什麼，他的想像力會完成一切剩下來的；從某角度
來說，使用一根蠟燭催眠是一種機械性的配備，但它
是一個很微妙的變化，因為蠟燭長久以來就和宗教儀

式有密切的關係。

　　凝視物件要放置或選擇在被催眠者眼球往上看四十五度的位置。

三層公式

　　若要成功地催眠，在任何時間，催眠師使用以下這個三層公式：想像看見、確認和投射。

- ·想像看見：在你的心智裡面形成一個精神影像，你要催眠對象在催眠過程中如何回應表現測試；看著它發生。
- ·確認：以正面方式說出建議來，促使催眠對象的主觀心智，完全遵照你所想像看見的去執行；告訴他你所看到的。
- ·投射：在你心智的眼睛看到被催眠者，對你的想像看見有反應，並確認你所投射到催眠對象潛意識心智的，自動地產生催眠效果；在你告訴他的時候，把此投射過去。

催眠通過

　　催眠通過（Passes）是以一個手掌向內，對著催眠對象往下的動作；那就是，不論從任何點開始，都是往下對著雙腳，絕對不是往上對著頭；所有往上的通過，會把影響抵消掉，所有往下的通過，才能導

致催眠。

通過有接觸通過（Contact Passes）和不接觸通過（Noncontact Passes）兩種。接觸通過是以在身體輕撫摸往下的動作；隔著衣服的接觸通過，和在赤裸皮膚上所做的，同樣有效，接觸通過通常是在身體個別的部分，如在一隻手臂、腳、頭等等。

不接觸通過是你的手離開身體表面大約五公分往下走，結束於脊椎尾端或雙腳；不接觸通過，大部分用來引導入神狀態，在做通過的時候，手指該稍微擴散分開，慢慢地通過；使用每種通過的部位，都應該很正確（如男催眠師用接觸通過於女性對象的胸部或私處，就絕對不應該），若是使用前者（接觸通過），接觸該從開始到完成；若是用後者，則根本不可碰觸到催眠對象；通過攜帶著它本身的建議，同時也暗示著從催眠師到催眠對象身體能量的轉移；不同的催眠對象，你會注意到通過的生理效果各有不同，有些人會經驗在所通過的地方，無知覺進入身體的那個部位，別的人可能感覺像皮膚內有電流的麻刺，還有人會有冷熱的感覺；當你使用通過的時候，你要引導你的意志，往你所希望產生的效果上去，這一點很重要。

催眠後建議

催眠後建議（Post Hypnotic Suggestion）；這些

是在催眠中給予催眠對象的延遲建議，在清醒之後才會生效；當催眠對象在入神中，被給予一個建議，告訴他從催眠醒來之後，才會去做；越是更深的催眠，催眠後建議越會成功，當他被叫回清醒狀態，他不記得曾經接收過任何指令，但在所指定的時間或情況發生時，他就會去做在催眠中所接受的建議，催眠對象通常接受這些建議，並認為是他自己要做的；催眠對象在催眠中所有能產生的現象，也能在催眠後經驗到；催眠後建議無可避免地使用在所有的催眠治療中，給予客戶建議，帶入他每日生活中，以幫助他改善。

通常在第一次催眠過程中，也都應該給予再度催眠的催眠後建議，以便來日快速引導進入催眠，「當你意識上同意，而且聽到我說：『睡覺』，或聽到我說『放鬆』的時候（同時彈指），你就立刻進入比現在更深沈的催眠睡眠。」而下次催眠不必一切從頭來，只要彈指説出「睡覺」或「放鬆」，立刻可把被催眠者再度帶入催眠狀態。

震撼引導

震撼引導（Shock Induction），它們可能很溫和到很強迫性，要點是在某未預期的剎那震撼（或驚嚇）催眠對象，在某一很短的瞬間，產生極大量的信息單位，在那剎那，產生信息單位的極大量超載；這

個方法之建議:「閉上你的眼睛,睡覺」是關鍵,你
必須以很快的聲音下達指令,完全捉住催眠對象的注
意力,在他入神之前,你的眼睛一直瞪著他,之後,
你可用睡覺測試,舉起他的手臂,建議無法放下。

使用這類引導法的時候,必須確定催眠對象沒有
心臟問題,否則可能會惹出嚴重後果。

震撼法的表現方式有很多種,可有各種變化,從
比較溫和的肢體動作,一直到非常激烈的都有,關鍵
在突然之間有個很大的肢體動作,在對象完全沒有防
備當中,產生瞬時間的極大混淆,也就是爆發性的信
息單位超載,使對象(只好自己很快)逃入最深的催
眠狀態。

挑戰加深

在催眠過程中,經常會使用挑戰,除了一方面用
來測試,確定對象進入某程度的催眠狀態之外,另一
方面,也利用它來加深催眠;進行挑戰,要在對象已
經進入某種情況的前提下才進行,催眠師不應該進行
可能會失敗的挑戰;在某催眠過程中,對象進入淺度
催眠狀態,可進行小肌肉的挑戰,如(小肌肉)眼皮
睜不開,當對象進入更深沈之後,則可進行較大肌肉
的挑戰,如手臂僵硬,或甚至全身僵硬;千萬不要一
開始,你還沒搞清楚到底對象有沒有進入催眠狀態,
或只是很淺的,你就急著做大動作的挑戰,肯定會失

敗。

　　挑戰的通式（以眼皮黏起來為例）為：「現在你的眼皮已經閉起來，閉得很緊，你無法睜開……你可以試試看，但是，你越嘗試，你的眼皮就會黏得越緊，甚至，你會根本懶得去試……進入更深的催眠。」

二、催眠師自我訓練

1 個人魅力自我催眠

用手壓著耳朵，對自己說：

「我……是……一個……男人（或女人）；我……有……強烈的……意志力。我的……意志……很有……威力。我……相信……我自己……和……我的……能力……會……成功。我的……個性變成……有磁性並……沒有東西……能……防止……我……成功。我的……意志……很……強烈。我的……自信……在……我自己……是……無限的。我……將……絕對地……依賴……我自己。我的……自信……不能……被……動。」

在此特別的精神狀態，對你自己重複這些建議三次，然後，放下壓在耳朵上的手，放鬆到你的懷裡，

若你希望就去睡覺，要醒的時候就醒過來。

在第一個會期，這些自我建議就夠了；隔天，你可試另一個；使用同樣方法來引導自我催眠，給你自己這些建議：

「我……在……發展……一種……磁性的……個性。我……已……決定……要……成功。我……會……每一件事情……完全……成功……我……開始……做。我……有……能力……去……影響……別人。別人……回應……於……我……個人的……磁場……影響。人們……回應……於……我……意志力……的……力量。……在……所有……的時候……我……已經……決定……了……輻射出……愉快。我……有……力的……決心……要……做……任何事情……我……所……想……要……做的。沒有東西……能……抵擋……我。自我自信……的力量……是……我的。決心……的……力量……也是……我的。就……是……如此。」

在你自己引導的自我催眠狀態內，對你自己重複這些建議三次，然後去睡覺，要醒的時候就醒過來，這是這天會期的結束。

你自己引導進入自我催眠狀態，如前繼續，用手掌壓著耳朵，大聲重複這些建議：

「我……能……完全……控制……我自己……在……任何……時候。我的……情緒……絕對……不會……失控。沒有……人……能……激怒……

我。……當……我……需要的……時候……總是……帶著……微笑。我……絕對……不會……喪氣。我……絕對……不會……緊張。我……是……自己的……控制者。我……能……掌控……我自己……和……掌控……別人……在……任何……時候。我……不會……不必要……亂……擔憂。我……愉快……和……快樂。我的……意志力……很……廣大……和……高超，而且……我……有……一個……磁性的……個性，它……會……影響……別人……因為……這……是……我的……意志力……促使……我的……眼睛……放出……這種……力量。我的……整個……存在……放出……這種……力量。我……已有……了……這種……磁性個性。」

　　重複三次，總是同樣地結束會期，要醒的時候就醒過來，每天使用這個過程，做幾個禮拜；它培育你個性的結果，在個人魅力的增加方面，將令你吃驚。

　　在紙上寫下你要給自己的建議，每一個練習寫在一張紙上，你準備好了；在你私人的房間內，就在上床之前，調暗房間，放一根點亮的蠟燭在桌子上，你坐在舒服椅子上，把蠟燭放在足夠高的位置，讓你必須打開眼睛，注視著火焰；現在，研讀那張你寫意志力練習的紙，在你讀此信息，大聲對你自己說你所讀的，因此讀它和說它好多次，或多或少把它背誦下來，然後，在椅子內放鬆，直接凝視著蠟燭的火焰，在你凝視著它的時候，口頭重複你所記憶下來的，當

你眼睛累了，閉上眼睛，更放鬆，現在，精神上溫習你剛所說的，繼續做，一直到你無法再吸收了，只想睡覺，上床好好睡覺。

在這些增強會期中，每次只用一個意志力練習；有時候，在注視著蠟燭火焰一段時間之後，它會看起來好像變得很大，你會在火焰中看到所寫的建議，當這種圖示發生的時候，就是表示你的自我建議已經成為你自己的了；想要成為很成功的催眠師，個人魅力是最基本的要項；遵照這些指令，發展你的意志，你就會達成你人生的最高成功；堅持，練習，你就培育出你個人的魅力。

祕密是努力回想，卻不要太努力回想；換言之，努力做到不必努力。

 ## 2 自我催眠

建議的正確字眼並不重要，只要以正面和直接方式表達所想要結果的建議觀念就夠了。

一旦決定了給自己的建議是什麼，先寫下準備好的建議公式，當你在自我催眠中，就可閱讀，你已經準備好了讓你進入自我催眠的條件。

用一根燃燒的蠟燭，當你集中注意力凝視目標，把蠟燭放在一張桌子上，在你將放鬆你身體的舒服椅子前面，調暗房間，舒服地坐著，你準備好開始自己引導進入催眠；因為自我催眠是很隱私的事情，要確

定你在一個獨自、不受干擾的房間進行。

現在，凝視著蠟燭火焰，此時此刻，什麼都不要管，只要愉快地放鬆，讓你的心智飄移──容許任何隨機思想進入、穿過、出去。

現在，透過你的鼻子深深地呼吸，憋著大約十秒鐘，然後，很慢慢地透過你的嘴吐氣，重複此深沈吸氣、憋氣、吐氣，大約十次，你會發現，它使你的心智安靜下來。

在做這些的時候，要保持凝視著燃燒的蠟燭，讓它占據你注意力的中心，現在，對你自己想：「我頭頂的肌肉放鬆了，在我的頭皮，我感覺到一種溫暖和愉快的麻刺感覺」；想它，你會感覺到它。

現在，讓你想著放鬆你臉的肌肉，想著放鬆所有你臉部的肌肉，你甚至讓你的嘴稍微打開，因此，從現在開始，你能透過嘴巴和鼻子呼吸。

從你的臉，讓你的思想繼續往下，放鬆你肩膀和胸部的肌肉，當你深深坐在舒服的椅子上，現在，聳起你的肩膀，保持一會兒，然後突然間放鬆和掉下來。

現在，沿著你的思想下到你肚子的肌肉，緊緊地繃緊腹部的肌肉，繃一會兒，然後放鬆，接著，想著你的手臂和手完全地放鬆，想著它們變成有多麼沈重，它們放在你的懷裡或在椅臂上，現在，讓你的思想繼續往下，透過小腿到雙腳──想著你的雙腳變成有多麼沈重，它們放在地板上。

現在，集中思想在你整個身體放鬆，突然間，都一起來，放開！——你整個身體都放鬆。

在這整個逐步放鬆系列之中，你繼續凝視著蠟燭火焰，到此時，你的眼睛已經很累很疲乏了，想著你的眼睛有多麼累了，你的眼皮有多麼沈重，你有多麼想閉上，讓眼睛休息，想著有多麼愛睏，有多麼想閉上眼睛，飄移進入睡覺的領域；想著你感覺非常沈重非常累了，非常、非常想要去睡覺。

在事物開始看來模糊之前，只要很少此精神建議，你眼皮的疲倦就會強迫你把眼睛閉上。

在你眼睛閉上之後，接著做——繼續想著你有多麼愛睏，你感覺非常愛睏，你已經非常、非常愛睏，想你的呼吸有多麼深沈，你的呼吸有多麼深沈，你的全身感覺有多麼放輕鬆和愉快啊！……它就好像你不再有身體了，好像根本感覺不到你的身體存在，你的手指尖開始覺得刺痛，你甚至感覺在你手指的小脈動，你越來越放鬆，好像更深地坐進椅裡，你沈入下去，往下，往下，睡覺，但是你還有知覺，你的意識心智移到一邊，你的潛意識浮到表面，準備好和接受你將給自己的建議，你已經進入催眠了。

繼續思考這些心情建議（mood suggestions），在你的心智裡一再重複，一直到你所有身體的感覺好像幾乎都停止了，你感覺非常輕鬆、非常想睡覺、非常愛睏，你到達一種狀態，好像只無法再想任何的愛睏建議，你只要去睡覺，你進入了催眠睡覺的領域，

你進入了你個人的微光區領域（Twilight Zone），這是你引導自我催眠情況中潛意識最顯露的時候，現在你可睜開眼睛，往前彎一點點，閱讀你寫下的建議公式，開始植入你的潛意識，想想在此，你自己非常深沈、愉快和美妙，即使睜開眼睛和稍微移動，也不會把你從此狀態中帶出來……因此，你現在到達了心理的時刻，來把你所想要的建議種進你的心智潛意識狀態。

現在，在此連續幻想心智狀態，做這個：舉起你的手，把手掌放在耳朵上──每個耳一隻手，壓入，大聲對你自己說，大聲說出你自己的建議公式。

在此狀態下，你的心智不會有意識警覺，因此，不要強迫你自己瞭解你在重複什麼，只要大聲讀出你以前準備的公式──對自己一再重複，以一種唱歌的方式，幾乎好像以一種沒有意思的韻律念經。

你會發現這種對你自己大聲建議念經，你的手壓著耳朵，會使建議在你的頭內鳴響，在此時刻，根本不必用智慧：只要重複建議公式，讓它在你的頭內鳴響，潛意識心智就會得到深刻的印象──它完全回應建議，並同樣接受，繼續把該前提變成在你人生的事實。

在口頭重複這個給你自己，就是你所想要的建議，大約十二次，然後，停止……閉上眼睛……放鬆在椅子裡……現在，若你想要的話，就真的去睡覺，工作已經完成了，對你半意識性來說，你自己已經把

建議種進所產生的精神狀態內了，你的潛意識，現在，會從那裡接手往前去，你現在只要放鬆，去睡覺。

你怎麼知道該過程有效？這很容易！你會發現自發性地開始做你想要的行為格式——為了你自己的好處。

3 心智控制催眠

任何事情都需要能量才能動！控制你的心智也不例外。

獨自走進你私人房間，並調暗房間，平躺在床上，腿稍微分開，手靠邊休息；放鬆，閉上眼睛，逐漸地，你的心智寧靜下來，然後（你會直覺地知道正確的時刻）……

快速地做六次深呼吸，吸氣和吐氣，然後提起你的手，放在耳朵上，輕輕地壓著，現在，做一個深呼吸，憋著，大聲肯定說：

「我把宇宙能量帶進我自己，來給我完美的心智控制。」

吐氣，放鬆，完全地放開。

再做另一次深呼吸。

手還是輕輕地壓在耳朵上，再度肯定大聲說：「我把宇宙能量帶進我自己，來給我完美的心智控制」；這過程的結果，就是使這個肯定鳴響過你的頭，你把

肯定種進你的電腦腦子的潛意識，讓它通過你存在的
走廊。

再做一次，然後，把手從耳朵放下到身邊，但稍
微離開你的身體，放鬆和等待；你會感覺到一股能量
流動，像電氣麻刺，流入你的手。

做一個深呼吸，大聲肯定説：

「當我要它思考的時候，我能使我的心智思考。」

重複三次，然後寧靜下來，容許這些建議沈入；
你會感覺到可繼續下去的時候。

做一個深呼吸，大聲肯定説：

「我要它思考什麼，我就能使我的心智思考什
麼。」

重複三次，然後寧靜下來，容許這些建議沈入；
你會感覺到何時才是可以繼續下去的時刻。

做一個深呼吸，大聲肯定説：

「當我不要它思考的時候，我就能使我的心智停
止思考。」

重複三次，然後寧靜下來，容許這些建議沈入；
你會感覺到何時是可以繼續下去的時候。

做一個深呼吸，大聲肯定説：

「我變成我思想的見證人，我的思想出現在我之
前，像在電影銀幕看到它們。」

重複三次，眼睛還是閉著，讓手從你的耳朵掉下
來，全身放鬆，完全地放開，盡情盡久放鬆，不著
急，如果你想要的話，甚至小睡也無妨，當你準備好

了，就會自己醒來；這四個控制心智的基本規則，已經成為你自己的了，它們使你成為大師。

４ 心智設定催眠

　　獨自進入你個人房間，放鬆，一直到你的心智寧靜下來，停止它的饒舌；進入安靜之中，當你準備好了，把手放在耳朵上，大聲對你自己朗誦以下的建議公式：

　　「我知道我的心智有五種主要的功能，我深切知道這些心智運作中心：一是正確知識的中心。二是錯誤知識的中心。三是想像力的中心。四是睡覺的中心。五是記憶的中心。」

　　「我從正確知識的中心使用心智，禁止我的心智使用錯誤知識的中心，我優雅地用正確知識的中心，全然勝過錯誤知識的中心；我建設性地使用我想像力的中心，來創造美妙和美麗的事情；我用睡覺的中心來更新我的心智和身體；我完全精確使用我的記憶中心。」

　　事實上，只有現在才是真實的，實際上只有一種方法來活著，就是感受你的人生，你生活在當下（Here and Now）；體會你就是神蹟，現在！

　　請用以下的銘言：「過去，只是不會再度發生的記憶，而將來也可能根本不會發生，只有當下才是真的。」本規則對於控制你的心智很有幫助。

手還放在耳朵上，繼續對自己大聲朗誦：

「我從過去所得到的有用知識和經驗，來幫助我現在活得更圓滿、更完美的生命；我全然體會到，這些記憶只是屬於過去的事件，也不會再發生；我全然體會到，我憑想像將來的事件，可能根本不會發生，我在當下活出我全然的人生，就是現在，就是在這裡；這就是我的路，它讓我完全控制我的心智。」

再一次，現在停止對自己大聲朗誦一段時刻；讓你的手從耳朵掉下去，閉上眼睛，放鬆，讓那些你已經給自己的建議沈入；當你準備好了，再做一次。

睜開眼睛，把手放在耳朵上，大聲對自己朗誦……

「我知道我的心智有五種主要的功能，我深切知道這些心智運作中心：一是正確知識的中心。二是錯誤知識的中心。三是想像力的中心。四是睡覺的中心。五是記憶的中心。」

「我從正確知識的中心使用心智，禁止我的心智使用錯誤知識的中心；我優雅地用正確知識的中心，全然勝過錯誤知識的中心，我建設性地使用我想像力的中心，來創造美妙和美麗的事情；我用睡覺的中心來更新我的心智和身體；我完全精確使用我的記憶中心，完美的回想；我從過去所得到的有用知識和經驗，來幫助我現在活得更圓滿、更完美的生命；我全然體會到，這些記憶只是屬於過去的事件，也不會再發生；我全然體會到，我憑想像將來的事件，可能根

本不會發生，我在當下活出我全然的人生，就是現在，就是在這裡；這就是我的路，它讓我完全控制我的心智。」

現在停止對自己大聲朗誦一段時刻；讓你的手從耳朵掉下去，閉上眼睛，放鬆，讓那些你已經給予自己的建議沈入；當準備好了，再做一次。

睜開眼睛，把手放在耳朵上，大聲對自己朗誦……

「我知道我的心智有五種主要的功能，我深切知道這些心智運作中心：一是正確知識的中心。二是錯誤知識的中心。三是想像力的中心。四是睡覺的中心。五是記憶的中心。」

「我從正確知識的中心使用心智，禁止我的心智使用錯誤知識的中心，我優雅地用正確知識的中心，全然勝過錯誤知識的中心；我建設性地使用我想像力的中心，來創造美妙和美麗的事情；我用睡覺的中心來更新我的心智和身體；我完全精確使用我的記憶中心，完美的回想；我從過去所得到的有用知識和經驗，來幫助我現在活得更圓滿、更完美的生命；我全然體會到，這些記憶只是屬於過去的事件，也不會再發生；我全然體會到，我憑想像將來的事件，可能根本不會發生，我在當下活出我全然的人生，就是現在，就是在這裡；這就是我的路，它讓我完全控制我的心智。」

心智喜歡以三為一群來做事情，它變成一種精神

習慣，在此你用它，總共做三次；現在爬起來，走你的路去做你的事情，不要再想它；你已經成功地以此智慧全然程式設計了你的超級腦電腦；你把它轉成完全是你自己的了。

5 心智高接受性自我催眠

催眠是一種和清醒與睡眠都不相同的心智狀態，也就是過度聽話（Hypersuggestible），就因如此，它能充分使用建議的力量；就是因為如此，你能用這種自我催眠方法，把自己調整到心智高接受性的狀態。

方法：

獨自進入你個人的房間，在背景播放一些柔軟讓人做夢的音樂，如〈催眠音樂〉，關掉所有燈光，在舒服椅子前面，點一根蠟燭放在桌子上，你舒服地坐在椅子裡，放鬆下來，在黑暗房間內，凝視著閃爍的蠟燭火焰。

把你的眼睛固定在蠟燭火焰上，此時不要管其他任何事物，只要愉快地放鬆，讓你的心智漂流。

現在，用鼻子快速深沈地呼吸六次，做成它。

不要做什麼事片刻，然後再度重複快速吸氣和吐氣六次，做成它。

再度，不要做什麼事片刻，然後再一次重複六次深呼吸，快速吸氣和吐氣。

重複三遍的六次快速連續動作深呼吸，可能使你感覺稍微不穩，但你的心智會寧靜下來，你的腦對於建議性的思想開始有接受性。

現在，對自己思考：「我頭頂的肌肉放輕鬆，然後，面孔肌肉也放輕鬆。」

放開你的牙齒，讓下巴稍微張開一點點。

從你的面孔開始，讓你的思想移下到肩膀和胸腔的肌肉，拱起你的肩膀，保留那樣子一會兒，然後突然間讓它們鬆垮下來，跟著你的思想，下到你軀幹的肌肉，緊緊地把肚子的肌肉吸進來，憋著，然後突然間放鬆，放開它們。

接下來，想你的手臂和手放輕鬆，變成沈重，安放在椅臂上，接下去到你的身體，讓你的思想繼續往下走，通過你的腿到腳，想想你放在地板上的腳有多麼沈重。

現在，集中你的思想在全身放輕鬆。

突然間，都一起放開！你全身放鬆。

在這整個逐步放鬆（Progressive Relaxation）過程中，你必須繼續凝視著蠟燭火焰，這時候，你眼睛會疲累，想一想你的眼皮已經有多麼累，很想把眼睛閉上，你很愛睏了。

東西開始模糊起來，矇矓的眼，很想閉上眼睛。

閉上眼睛，感覺很像要睡覺，沒關係，對自己建議「睡覺、睡覺、去睡覺」，把這個和你的呼吸遲緩下來又吸得很滿合併起來，有多麼放鬆和愉快啊！現

在，你的眼睛閉上了，你整個身體感覺到很輕鬆。

哼！好！身體到處好像麻痺了，這麼想，你就會感覺到，甚至你放在椅臂的手指尖也開始發麻，隨著越來越發麻，你甚至能感覺好像有一點點電流開始打擊，你往下沈，往下沈，下到睡覺的領域，不是你平常瞭解的睡覺，而是催眠睡覺的領域。

當你到達這點的時候，所有你的身體感覺，就好像幾乎停止了，就是這個時間，你自願性引導的情況，發生潛意識露出，這是你種植想要的控制心智建議的心理片刻（給自己所要的引導），把它種進潛意識裡面去。

不要干擾你的幻想，提起你的手，溫柔地壓蓋耳朵，現在，大聲講出你已經學習如何控制心智的話，如：

「當我要它思考的時候，我能使我的心智思考，我能使我的心智去思考我要它思考的，當我不要思考的時候，我能使我的心智停止思考，我變成我思想的見證人。」

當你一而再地重複（至少三次）這些的時候，讓這些心智控制規則鳴響過你的頭，不必太久，你就會睡著了，你的手從耳朵掉到懷裡，盡情地睡，逐漸地，昏睡會消失，你會醒來，感覺更新了全身清爽，你已經把這些心智控制規則種植到潛意識裡，變成你自己的了，你已經把想要的建議放進潛意識，它們會依照建議種植的程度，開始動作。

你如何能知道達成目標了呢？不必擔憂，你自然會知道。

你可以使用這種自我催眠的方法，來掌握各種本書內的心智控制指令，特別是對於創意性心智，最為有價值。

6 訓練注意力集中催眠

找一個水晶球，大約直徑六公分就可以，很多新世紀或石頭店都有賣；水晶球沒有什麼奧祕，也沒有「磁場、能量」，它只是在練習注意力心智過程中，用來當作單一聚焦點用的；任何透明的球，也都可用。

在隱私寧靜房間，使用水晶球練習注意力，把房間燈光調暗。

把水晶球放在你前面的桌子上，用黑布當背景墊著，黑絨布很棒；放鬆，凝視進水晶球裡面，從球表面的反射看過去。

在你開始的幾分鐘，讓你的心智漂流，容許任何思想進來，也讓它通過，不要期望什麼。

現在，在你開始練習注意力之前，學習如何把你的心智變成空白。

如果你把它想成生理上憋氣，你可能更能瞭解這「把你的心智變成空白」的意思，你會發現在這兩種生理情況和精神狀態之間，有一個寧靜和靜止狀態，

一個在活躍努力之前的暫停,但是,同時也發展一個繃緊的期望狀態,好像準備好了,要開始動作,有如捲起來的彈簧在釋放之前的狀態,或者,也可以想成黑豹在獵物之前的精神和生理狀態。

你瞭解到這種特殊的心智條件情況,會讓你取得「要訣」,再進一步練習,就會使你熟悉它;對於你專注心智的技巧,它很重要。

以放鬆的方式繼續凝視著水晶球,越看越深,更深入它裡面。

現在,開始專注你所選擇的某特定物件(就是你想要創造的),在你的心智如一張「精神照片」來形成它,當你集中於影像的時候,並思考把影像投射進入水晶球深處;看看你能否(即使幻想也沒關係)在水晶球內深處看到精神照片。

7 有聲咒語催眠

做一個深呼吸,慢慢地吐氣,同時發出 Aum 聲,讓聲音振動經過你,一直到它自己消失,當聲音消失,想它的振動,把你的精神創造投射入空間;重複本過程十二次。

8 無聲咒語催眠

做一個深呼吸,慢慢地吐氣,同時內心發 Aum

聲，但是無口頭上的聲音，讓安靜的聲音振動過你，一直到它自己消失，當無聲的聲音消失了，想它的振動，把你的精神創造投射入空間；重複十二次。

9 聽精神咒語催眠

做一個深呼吸，慢慢地吐氣，同時聽你自我內心深處的 Aum 聲音，一面聽著想你的創造被投射入空間，即將要被創造出來，重複十二次。

口頭上下令你所希望發生的，你想像看見它變成事實。

10 創意心智催眠

你已經學習了使用創意心智的原則，現在你要學習這些原則的實際應用；若要打開那開關，如此做：

閉上眼睛，注意到你閉眼之前所看見的，你看見空間，那物理實界空間在你眼球和眼皮內部之間，只有幾公厘，但是對你的意識來說，那個空間延伸到無限，你在閉著眼睛前面所意識到的空間，就是你的「心智螢幕」，它是你的內心空間，直接連接到無限的外在空間；因此，就在你的「心智螢幕」，你能創造你所希望的，在宇宙間變成事實給你自己。

確實決定你希望在宇宙間創造變成事實的是什麼，在你心智使你的希望絕對清楚不改變，然後讓你

的希望掉入你的心中，使它充滿情緒，然後，從你心中讓它掉入更深，到你存在的中心之內（你的意識好像是在你身體肚臍的後面）。

因此，要全力知道你所希望的是什麼，現在，你已準備好，要把它轉成事實，把它做成事實！為了這目的，用背部放鬆躺著！把手安放在身邊，手掌朝上（接收的位置）。

深沈地和自由地開始吸氣進來，隨著你的呼吸，同時想像看見氣息進入你的身體，思考它，你就會感覺它，當氣息進入你的時候，變成對氣息能量敏感，你會經驗它，有如一股「力量的流動」，累增在你體內，你朝上接受的手掌，會感覺能量（電）流帶著像電氣的麻刺，感覺很像被電到。

現在，閉上眼睛，見證你的「心智螢幕」：在你前面有如無限的空間，認知你的內心空間和無限外在空間相互連接著，知道你能在那空間創造。

現在，眼睛還是閉著，把注意力轉到你的頭殼內眉毛之間的空間，這就是「第三眼睛」，創意力量的中心。

現在，想像看見這「第三隻眼」的開口，在你前額中心，變成像一個明亮的星星，把你已經發展的氣息能量引進這星星，並從該中心讓能量光束如一盞探照燈，照在想像看見在你「心智螢幕」所形成的影像；在此精神燈光束（能量）下，看見你的影像，明亮起來。

現在,做一個深、深呼吸,憋著,強力吐出去,同時把它意志投入空間!感覺它被投入空間,像火箭衝出去,你會知道,創造已經在進行中了。

若要抗衡向著你所希望創造、把無形轉成有形的負面力,最好創造一個保護性的盾牌,來對抗影響創造框架的負面影響力,作法是:想像看見一道白光包圍著原本的框架,同時持著「這白光是一個保護性的影響力,驅走所有負面影響力,不讓它們干擾我的創造」的思想;當然,若你所希望創造的本質非常正面,這種防備就沒有必要,不會有負面影響力對抗它;然而,若有絲毫反影響力可能影響到創造,最好還是用這種保護方法。

除了想像看見創造之外,有時候,透過同時說出「我以我心智的力量送出我所希望變成事實的,就如在我存在的事實,如我所想像看見和被我能量化的,讓它在空間形成框架,從無形變成有形,以至於在我的人生,這個所想要創造的,變成一個物理性事實」,則效果可以被擴大。

使用這類的肯定,促使一個物理表達來增強精神效果。

做完這一個肯定、期望,過程結束完成之後,表達從你內心對宇宙、創造者、上帝(或你所信仰的神祇)的感激:「感謝你的肯定,過程已經完成」,不要再去想它,從你心智讓它掉開,只要等待和看將來會發生什麼,你可能會很愉快地吃驚!

11 富裕催眠方法

　　獨自進入你私人房間，把門關上，調暗房間，躺在床上或躺椅上，伸展整個背部，兩腿稍微分開，雙手安置在身邊，放得很輕鬆和很舒服，完全把自己放開，所有用你心智創造的建議，就會潛意識地變成你自己的。

　　當休息伸展在床上的時候，思考你感覺到如何地放鬆，思考你感覺到處都很好。

　　現在，思考打呵欠，實際上打個呵欠。

　　現在，再度思考打呵欠、打呵欠、打呵欠。

　　休息一會兒。

　　再度思考打呵欠，思考你開始感覺有多麼愛睏。

　　思考你自己一直下滑，滑下、下去、下去，進入睡覺的領域，放開每件事情！

　　現在，讓你的心智漂流，容許任何思想漂進來，讓它通過去，寧靜地放鬆，心智和身體變成完全地靜止。

　　現在，從你的鼻子深沈地呼吸、吸氣，憋氣，現在，慢慢地吐氣，隨著呼吸，讓你的身體放鬆，放開每件事情！

　　再度呼吸、吸氣，憋氣，想像看見隨著呼吸，能量流入你的身體，現在，吐氣，當你釋放出空氣的時候，想像看見所有負面力和緊張，隨著呼吸從你的身體吐出來，繼續吸進、吐出，慢慢地和韻律性地……

隨著呼吸進出身體，注意到生命活力氣息能量，移入你的身體，讓氣息能量滲透到每根纖維，讓你能在宇宙中引導創造。

思考你的感覺有多麼好，思考你感覺如何寧靜和平，思考你整個身體如何放鬆了，放鬆、放鬆、放鬆、放鬆進入你身體的每部分，思考它，你就會感覺到，思考它，完全地放鬆。

隨著你深深地滿滿地深呼吸之際，感覺氣息能量進入你的身體；儲存在你的丹田，此能量使你愛睏，你很愛睏，因此，只要放鬆，越來越放鬆，若你希望，就睡覺去，只要放鬆感覺真好，放開一切，睡覺去。

睡覺、睡覺、睡覺、睡覺、睡覺！掉進催眠的睡覺，在矇矓之中，你察覺到意識心智移到一邊，你的潛意識心智寬廣地打開了，接受全部給你有益的建議，使你成為真正完美的人，你知道你自己，就是……我是我。

現在，在你的心智想像看見並經驗這個旅程，就好像做一個夢，更深、更深地進入催眠。

想像看見你正爬上一個陡峻的山丘，這是一個很高的山丘，你爬了很久，感覺很疲累，你沿著一個狹窄扭曲的路徑，到處都有大石和樹木，在山丘頂端，有一片很香的花朵，你現在已經快到山頂了，因此很高興，因為現在你能聞到強烈的花朵香味……但是你最高興的是，長久艱苦地爬使你很疲累，就快要結束

了，你幾乎喘不過氣來，一個沈重的感覺覆蓋你全身，你因為疲乏軟弱而顫抖，你體會到如果這山再高一點，你就無法爬到山頂，然而，你現在已經很靠近山頂了，你能強烈地聞到花香，終於，你到達那裡了，在你前面，有一片美麗的草原，到處都是花朵，你記不得曾經像現在這麼疲累，因此躺到美麗香味花朵當中，很美妙。

「現在，在山頂休息很美妙，你認為這是世界上你曾經到過最美麗的地方，因此你很高興到此，所有長久爬到此處的努力都很值得，現在，你在這美麗的地方休息，睡覺去，花朵的香味如此強烈，使你更加昏昏欲睡，你的身體非常放鬆，現在，你掉入睡覺，休息和睡覺很美妙，所以去睡覺，你將繼續掉入睡覺，下去，現在，隨著從一算到十，更深更深地睡覺。」

「一·你正掉入深沈地睡覺；二·你很放鬆的，很愛睏，很愛睏，去熟睡，現在；三·更深和更深地去睡覺；四·你漂流下去，更深更深地睡覺；五·又深又滿地呼吸，熟睡去，熟睡；六·你越來越放鬆，放開一切，當你漂流下去，下去，進入深睡；七·睡覺、睡覺、熟睡去，下去，更深更深地深度催眠睡覺；八·在深度催眠熟睡；九·你在深度催眠熟睡；十！」

「雖然你外在心智在睡覺，你的內部心智比以前更活躍，對你的建議更有反應，影響你的身體，使它

完美，現在做個夢，注意到你所看到出現於閉上眼睛之前的。」

「你看見空間不停延續下去進入無限，這是你的內心空間，連接到無限的外在空間，在那空間內，你投射你富裕的希望，它開始變成你的事實。」

「你的潛意識心智寬敞打開了，現在，準備好，要接收進來，所有你學過在宇宙間的創造原則，它們都成為你自己的，讓它在你的人生產生效果，成為你習慣性使用心智的方法。」

「在給予你這些建議當中，繼續掉下去，進入更深的催眠，它們都成為你自己的，你自己把它們給你自己。」

（接下來用富裕催眠建議——為不同的目的，可套用其他適當的建議。）

12 意識自我催眠法

你必須學習能放鬆，必須從你心智和身體消除所有的緊張，必須訓練自己，使放鬆變成一種自然習慣；以下愉快的練習，非常有幫助。

躺在床上或躺椅上，精神上確認，你將放鬆身體的每一個部分，做三次深呼吸，同時想著呼吸帶來氣息能量（生命活力），進入你的身體，休息一會兒，讓能量在你裡面湧起。

然後，從床上舉起你的右臂，呈四十五度的角

度，持續幾秒鐘，然後突然間讓它掉下，在此掉下剎
那，對自己想：「右臂放鬆！」

　　然後，用你的左臂進行舉起、持續、掉下，並重
複精神指令。

　　接下來，從床上舉起你的右腳，呈四十五度，持
續一會兒，然後突然間讓它掉回床上，當它在床上回
彈，對自己想：「右腳放鬆！」，用你的左腳，重複
同樣的過程。

　　安靜地休息片刻，然後從臀部提起你上身，一直
到你的軀幹和床大約呈四十五度的角度，持續它，然
後放開，讓身體在床上回彈，在放開的剎那，對自己
想：「身體肌肉全部放鬆！」

　　接下來，繼續放鬆脖子的肌肉，在床上以溫和搖
頭把頭從一邊轉到另一邊，在每一次搖頭時，對自己
想：「脖子肌肉放鬆」，然後，讓你的思想集中在放
鬆頭和臉部肌肉；想著頭皮麻刺，眼睛放鬆，讓下顎
鬆弛掛著。

　　現在，再度開始整個練習，重複三次。

　　現在，安靜地躺在床上，組成一幅你全身徹底地
（絕對地）放輕鬆的精神影像，透過一個容易自願性
的努力，同時放鬆每一塊肌肉，放輕鬆地做，有恆心
地練習，一直到你成功地感覺極端鬆軟，不想移動，
或什麼特別要想的；深深呼吸二到三分鐘，經驗美妙
完全放鬆偷偷地穿透你全身。

　　這個練習是一種美妙有效得到刻意放鬆的方法，

在一段時間之後，你會養成放鬆的習慣，那時候就沒有必要做此刻意的過程——只要一想到那種放鬆所帶給你的美好感覺就夠了，你的身體會知道該經驗的意思，放鬆就會自發性的發生。

13 想像看見訓練催眠

把房間調暗，把燈光聚焦在牆壁的一個影像上，舒服地坐在影像前面，凝視著它，小心地看影像的每一細微處，研讀每一條線，每個陰影，每一種顏色，每一個最最細微的地方；從一張簡單的影像，你可以看到非常多的細節，你要強烈地集中精神，讓你自己被吸收到影像內，所有其他四周的事物，好像都消失了。

舒服地坐在椅子上，放鬆閉上眼睛，現在，在你心智，想像（用你心智的眼睛看它）你所在房間的影像，在初期，精神影像可能看來模糊，但是透過練習，就會非常明確，有如你實際上睜開眼睛所看到的。

現在，嘗試回到記憶中，從過去的一次快樂經驗中，帶出一個熟悉的場景，用你「心智的眼睛」，看你能找出多少細節。

取得了形成精神影像技巧之後，練習把一些有創意性的東西，放到你的想像裡面：把事實上不在那裡的人們和事物，放入你的房間；先期可使用你熟悉的

真人真事，然後，完全再用你想像力所產生的虛人虛事。

這是學好控制你想像力很有用的練習，你越是能明亮地想像看見，精神影響越有威力。

14 渾扎抗老催眠

這種催眠的目的是，在心智內建立反轉老化，而不干擾你內在的年輕；換言之，一方面你尊重老化所為你產生的智慧，同時也享受你內部生命，活在你想給自己的精神年齡。

正確建議的字眼並不重要，只要把所要的結果之建議觀念，以正面（肯定性的）方式傳達到心智。

你現在準備好來設定催眠引導條件，用「固定東西」（Fixation Object）方法，把注意力集中在一根燃燒的蠟燭上，把蠟燭放在椅子前的一張桌子上，調暗房間，開始播放一些冥想的音樂，在背景柔和沒有阻礙地播放，坐在椅子裡放鬆，把注意力集中在蠟燭的火焰上。

把眼睛固定在蠟燭火焰，此時不要思考任何特定東西，只要愉快地放鬆，讓你的心智飄移──讓任何思想漂進來，也讓它漂出去。

現在，透過鼻子深深地呼吸，憋著幾秒鐘，然後慢慢地從嘴巴吐氣，重複大約十次，你會發現，你的心智變得令人驚奇的寂靜。

　　現在對自己想：「我頭皮的肌肉放鬆，我感覺到頭皮有一種愉快的麻刺感」，想它，你就會感覺它，然後，讓你的思想移下到你的臉，思考放鬆那些肌肉，讓你的嘴巴稍微打開，因此從這時候開始，你能透過嘴巴和鼻子呼吸。

　　從你的臉，讓你的思想再往下移到肩膀和胸部的肌肉，舒服地坐在椅子裡面，聳起肩膀，保持一會兒，然後，突然間讓它們放鬆，完全鬆垮，接著讓你的思想再往下到軀幹的肌肉，把腹部的肌肉抽緊緊地，保持著，然後放開！放鬆、放鬆、放鬆。

　　接下來，想你的手臂和手放鬆，想著它們有多麼沈重，安息在你懷裡，讓思想繼續下到小腿到雙腳，想著它們有多麼沈重，安息在地板上。

　　現在，思想你全身放鬆，突然間，全部一起，放開！——你整個身體放鬆！

　　在此整個逐步放鬆過程中，你要繼續凝視著蠟燭火焰，到此時，眼睛已經很累了……眼皮沈重到想要閉上，變成非常愛睏，閉上眼睛和漂開。

　　在眼睛閉上之後，繼續思考你有多麼愛睏，呼吸變得有多麼深滿，整個身體感覺到有多麼地放輕鬆和愉快；開始感覺好像你身體消失了，有一種麻痺偷偷地進入你的身體，手指尖開始感覺小小的刺痛，安息在懷裡，你沈入、下去、下去、下去、進入睡覺的領域；當到達這個點的時候，你很容易知道，現在，唯一你所要做的，只是漂開睡覺。

你已經把自己引導入催眠接受性狀態了，在這時候你的生理／精神條件，發生「潛意識顯露」，這是把抗老建議植入你心智的心理時刻。

如此做……

慢慢地舉起你的手，把手掌放在耳朵上，平壓著頭，然後對自己大聲說，以一種類似於唱歌的方式重複建議，好像沒有意義的歌韻，手掌溫和地壓在耳朵上──同時你大聲說──建議會鳴響透過你的頭。

「我反轉我現在的年齡，我完全感覺身體年歲所帶給我的智慧，同時，我也感覺到我沒有歲數，在我裡面，我活在三十二歲的年齡（你選擇最喜歡的年輕年齡），我自在，有多麼快樂啊，我完全珍惜永續內心滿足和平寧靜的神蹟，我沒有歲數，我尊重身體的年齡，同時我內心永續青春活著。」

重複這個建議公式（依照所描述的做）七次，然後，讓手從耳朵掉入懷裡，現在，如果你想要的話，在舒服椅子裡沈睡；你已經給自己做了抗老催眠諮詢。

不管你是否睡著了，或只是休息一會兒，並不重要，昏睡將漸漸地消失，你會從意識自我催眠會期醒過來，感覺非常清爽。

15 抗老催眠法

閉上眼睛。

「我讓我的想像力在我自己面前變得很鮮明，看到自己沿著美麗的沙灘行走。」

「我赤著腳，感覺在雙腳之下溫暖的沙子，當我沿著海邊行走，越來越昏沈，在一邊，我看到一個沙丘升起在前面，在它的頂端有兩棵大棕樹，這兩棵樹之間，有一張吊床，隨著微微海風溫和地搖擺，看來很吸引人，雖然我因為沿著海邊走而昏昏地，我還是要爬上沙丘，鑽進吊床內休息，只要睡覺去。」

「因此，我就開始爬上沙丘，因為我知道，當我到了吊床，我就能掉入人生最深沈的放鬆之中。」

「因此，往上、往上、再往上、爬上沙丘，一直到我終於爬到頂端。」

「我很高興最後到頂了，我到達目標了，現在，支撐在棕樹之間的吊床，就在眼前。」

「我躺進吊床內，在吊床內我很放鬆……感覺好美妙好棒，能舒展筋骨，進入完全的放鬆狀態。」

「我感覺到溫柔的海風，輕撫著身體，在吊床內，我放鬆，搖來搖去，隨著搖來搖去，我感覺自己越來越放鬆。」

「吊床來回、來回擺動，隨著它來回擺動，感覺到我自己準備好，要漂進很享福的催眠狀態。」

「閉上眼睛，放鬆休息片刻，讓我的心智寂靜安寧下來。」

「現在，做一個深呼吸……憋著一會兒……然後慢慢地吐氣，讓我自己全身放鬆，同時讓這些催眠引

導建議，流入我自己。」

「像如此放鬆，有多麼容易和愉快啊！在此境界，喝著渾扎的『青春泉源』。」

「當我閉上眼睛，進入一種美妙的休息放鬆狀態，隨著每次我呼吸，越來越放輕鬆，感覺到一股空氣進入鼻孔，隨著每次呼吸，更深進入我裡面。」

「隨著每次呼吸，帶著氣息能量進入我裡面，它就是生命的活力，氣息就是青春泉源的『水』，感覺我心跳，隨著每一次心跳，更深進入催眠，透過呼吸和心跳，掉入催眠的領域，在此，我潛意識是接受性的，會有效地把我所學渾扎『青春泉源』產生結果，所有我學的渾扎抗老呼吸方法，變成我自己的。」

「享用『青春泉源』變成我生活的方式──因為呼吸就是生命。」

「好好學習全然使用我的呼吸，學好如何適當地吸氣和吐氣，然後，我必須學習如何引導生命能量（氣息），到我身體各個部分，吸收這個確定⋯⋯」

「學習想像看見，回憶，變成為我的事實。」

16 有色梯子法

本呼吸方法，把大量氣息帶進身體，氣息隨著呼吸來到身體，但它不是呼吸；氣息，是生命活力。

如此做⋯⋯

韻律呼吸，就是照著心跳調整呼吸。

量你的脈搏，抓住你心跳的頻率……六次一群：……三次一群……六次一群，亦即：

算一……二……三……四……五……六次心跳，然後算一……二……三次心跳，然後再算一……二……三……四……五……六次心跳；在催眠中練習它，一直到你能直覺地照著心跳來做呼吸的頻率；一旦掌握了此技巧，執行下面這個動作：

保持現行的放輕鬆，脊椎直立坐著，手安放在懷裡；在此練習，以 6-3-6-3 心跳頻率，做一次「完全呼吸」，如你已經在潛意識上建立的；換言之，在六次心跳期間吸氣，滿著憋氣三次心跳，在六次心跳期間吐氣，空著憋氣三次心跳；當你能自動如此做，你已經學好了韻律呼吸的藝術了；這是一種你得學好的重要渾扎呼吸法，因為它刺激你的法輪（chakra）中心，讓你指揮心智來控制身體；渾扎做這種呼吸控制，同時想像看見在脊椎一個往上的「顏色梯子」。

坐直，進行韻律呼吸，想像看見紅色形成在脊椎底端，看到任何你想要的紅色，可能是紅蘋果，或一塊明亮紅布。

然後，移動你的想像看見往梯子上方，到性器官區域，用橘色填滿本區域；看到任何你想要的橘色，可能是一些橘色，或西藏僧侶橘色袍子。

然後，移動你的想像看見往梯子上方，到在丹田之內法輪中心區域，用黃色填滿本區域，在你心智的眼睛鮮明地看到黃色，可能看它為黃色太陽，或黃色

麥場。

　　然後，移動你的想像看見往梯子上方，到你心臟的區域，以綠色填滿你的心；看綠色：綠色的草，綠色的樹木，綠色春天的顏色。

　　然後，移動你的想像看見往梯子上方，到在你喉嚨法輪中心，以藍色填滿你的喉嚨，藍色的天空，藍色的海洋，只要是你喜歡的藍色都可。

　　然後，移動你的想像看見到你的第三隻眼睛中心（位於眉毛之間），以紫色填滿本區域帶，看紫色、紫色、紫色。

　　最後，移動你的想像看見到你的頭頂，以包含所有顏色的白色填滿你的頭，看它如一片白光射進終極；你做一個終極連接，來表達你的永恆。

17 渾扎至大靈異呼吸

　　這是一種進階的渾扎呼吸，直接和抗老催眠諮詢有關，如此做：

　　背躺下來，手安息在身邊，小腿稍微分開，現在，快速連續深深地呼吸進出六次；當你如此做，讓你心智去想，在你身體裡面的氣息能量流動著，可能感覺到像電流流動，想它，你就會感覺到，你一旦開始流動，它就會自己繼續下去，這種活力能量，會被你的神經系統取用；現在，隨著你完全放鬆休息，慢慢地和深深地呼吸，隨著每一次呼吸，「意志」該氣

息能量再活化你身體內的每一個器官，給你完美的健康，從頭頂到腳跟，滲透你的循環系統，想像看見你放鬆的自我，好像沐浴在發光氣息的漩渦中，當你做這個，你吸取了「青春泉源」。

藉著如此在精神上散布氣息到你的身體，現在你準備好了，可進行渾扎的至大靈異呼吸。

渾扎至大靈異呼吸，通常稱之為透過你的骨頭呼吸，它是一種更新和再活化你的重要過程。

從想像看見你的呼吸，有如劃過小腿骨開始，然後透過小腿骨吐氣。

現在，想像看見你的呼吸，有如劃過手臂骨，然後用力透過你的手臂骨吐氣。

現在，想像看見你的呼吸劃過頭頂，照字面到你頭殼頂端，同樣地，透過頭殼頂端吐氣。

現在，想像看見你的呼吸，透過生殖器官吸入和吐出。

現在，想像看見你的呼吸，沿著你的脊椎管上下吸入和吐出。

最後，想像看見你的呼吸，透過每一個皮膚毛孔吸入和吐出。

在做這些過程中，氣息能量流通透過你的身體，你已經攝取了渾扎的「青春泉源」。

過程完成了，沒有什麼還需要做的，只要讓你自己掉進更深的催眠，進入睡覺的領域。

慢慢來，不要急，讓心智的潛意識來決定，什麼

時候才是從這種抗老催眠諮詢喚醒的時間。

18 活力自我催眠

　　以活力催眠法自我催眠，不要太過用力，只要夢幻飄移過每個步驟，做完之後，只要安靜躺著，內心寂靜，沒有你自己。

　　你將回到自己的「當下」（Here and Now），再度清爽，帶著活力源頭，湧出更新的自己；起來和照耀！

19 表意馬達實驗

　　建議性觀念（Suggestive Ideas），可被認為是激勵我們去做無意識、而非透過刻意意識思想的觀念；本表意馬達實驗證明這個原則。

　　在一張紙上畫一個直徑十二公分的圓圈，四條半徑相互直交。

　　接下來，在一條三十公分長的線綁個戒指，把它掛在圓圈中心線條交叉處，讓你的眼睛沿著水平線從 A 到 B 來回看，你會很快地驚嚇到，看到戒指沿著線來回擺動；現在，試著盡量保持線不動，說來奇怪，實際上好像，你越是試著保持靜止，它越擺動——它的動作不是透過意識努力產生，而是無意識的動作；移動你的眼睛，想戒指從 C 點移動到 D 點，戒指就

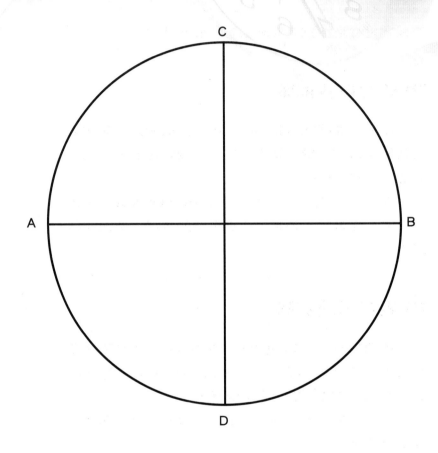

會照此擺動，讓你的眼睛打圈圈，戒指就會打圈圈；
現在想圓圈（線條交叉處）的中心，戒指很快地停止
在那點上。

　　這實驗示範某個保留在心智的觀念，如何自動，
無意識地產生一個對應的身體動作（此種現象稱爲表
意馬達）；事實上，你會發現，你越是嘗試刻意地保
持戒指靜止，無意識動作越會發生，戒指看來抗拒你

的意志擺動。

在催眠過程內，催眠是透過刻意集中對象的注意力在特別設計用來引導催眠為目的建議性觀念而產生的，那個狀態把對象放在一種客觀性心情，其特徵為過度聽話度（Hypersuggestibility）——到一種程度，每個呈現給他心智的觀念，在那狀態下，帶著建議性（情緒性影響），能大大地刺激他的神經系統。

20 訓練對象自我催眠

（帶著對象做完手臂僵硬挑戰加深法、累增性建議法、立即催眠加深法等三招之後。）

「無論何時，當你希望自我催眠，從此時開始，你所要做的，只是坐進一張椅子裡，凝視著你的右手大拇指指甲，對自己重複三次以下的話：『我睡覺、我睡覺、我睡覺』；……你就會立即快速進入深度催眠睡覺，記得，你現在，在任何你所希望的時間，都能把自己催眠進入入神睡覺……方法很簡單……坐進椅子裡，凝視著你的右手大拇指指甲，對自己重複三次說：『我睡覺、我睡覺、我睡覺』……你立即進入深度的催眠深睡。」

「好吧！現在讓我們來試試；我要叫醒你，然後，透過這種你已經掌控的美妙力量，你能把自己放進催眠睡覺中，因此，準備好，現在，要醒過來了，當我算到5，你完全、完全清醒，感覺很好；1，2，

3，4，5；醒來……你完全清醒感覺很好。」

對象醒來；繼續接下去……

「感覺很好吧？完全清醒了嗎？好，接著，我們來嘗試讓你自己去睡覺，現在，只要坐回你的椅子，把你的右手大拇指指甲上放在你眼前，跟著我對自己重複三次：『我睡覺、我睡覺、我睡覺』，你立即進入催眠睡覺。」

對象進入催眠；繼續下去……

「你看，有多麼容易！你剛才自己進入睡眠，實際上，你把自己催眠了，它很容易，也很有趣……任何你想要的時候，你都能做，只要你坐在一張椅子上，凝視著你的右手大拇指指甲，對你自己重複三次：『我睡覺、我睡覺、我睡覺』。」

你繼續建議：

「現在，吸收以下進一步的引導；在任何時候你把自己放入催眠入神睡覺內，你也能很容易地把自己叫醒過來，過程很簡單，在你把自己放入催眠之前，對你自己說，你會睡某某一段時間，你所必須做的就如此而已；只要在自我催眠睡覺之前，決定你希望睡多久，你就會停留在催眠睡覺，剛剛好正確長度的時間，然後你在那『設定』時間自動醒來。」

「都準備好，現在，讓我們先練習一下，首先，我叫醒你，然後，下次你自己叫醒過來，好了，準備好，當我算到 5 就醒過來……1，2，3，4，5……你醒了。」

對象醒過來；繼續下去……

「這一次，你要催眠你自己，也把自己從入神叫醒過來；讓我們花幾秒鐘來做這第一個練習，雖然在實際上，你當然能在你所希望的任何時段之後，把自己從催眠中叫醒過來，比方說，依照你的選擇，五分鐘、十分鐘，或甚至一小時或更久……你依照你所決定的正確期間後醒過來，因為你的心智有一種明顯的時間感覺……準備好，現在，坐回你的椅子，準備再把自己帶進催眠。」

「回坐到你的椅子內休息，心理上對你自己說，這次你要睡覺，深深地休息剛剛好十秒。」

「現在，看著你的右手大拇指指甲，重複對你自己說三次：『我睡覺、我睡覺、我睡覺』。」

十秒鐘過後，對象醒過來；繼續下去……

「都再度清醒了嗎？好，看，它有多麼容易！看，你現在能把自己帶入催眠睡覺，並照著你所希望自己醒來。」

21 透過自我催眠來自我催眠

若是可能，用以上介紹透過外力催眠的自我催眠方法；它很棒，然而，自我催眠也能透過以下的方法自己學習：

在個人學習使用前，首先研讀整個過程的細節，把用在引導狀態通用建議公式搞熟悉，以至於在應用

本方法的時候，能容易地保持著心智內心情－建議－思想流動同步調；換句話説，建議越是能像某個深刻記得的經驗越好──令你給自己的引導建議自然和容易，有如回想某首熟悉的歌詞或詩句。

同時，事先規劃引導，列出你在催眠狀態內要給自己的特定建議；你的建議要簡潔和針對重點，以正面的陳述方式來肯定最終所要的結果；建議的正確字詞並不重要，只要能以正面和直接方式把所要結果的建議觀念傳遞出來就可以了。

你現在準備好了要來做自我引導；為此目的，找個安靜和黑暗的房間，點一根蠟燭，放在你面前桌子上，坐進一張舒服的椅子，讓你凝視蠟燭火焰也能放鬆。

在椅子內放鬆，把你的眼睛固定在火焰上，這時刻，不要想任何東西，只讓你的心智漂流──讓任何思想自由進來出去。

現在，透過你的鼻子深深地呼吸，憋氣大約十秒，然後，透過嘴巴慢慢地吐氣；重複此呼吸過程十次，之後你會發現你的心智已經沈寂安靜了。

現在，對你自己想：「我頭頂的肌肉放鬆了，在我的頭皮，我感覺到一種愉快的麻刺」；想它，你會感覺到；然後，讓你的思想往下傳到你的面孔，想你面孔的肌肉放鬆，讓你的下顎放鬆，牙齒不接觸。

從你的面孔，讓你的思想繼續下去放鬆你肩膀和胸膛的肌肉；隨著你坐回到舒服的椅子內，聳起你的

肩膀，保持那種方式一會兒，然後，突然間放鬆垂下來，跟隨你的思想往下去，到你的胃的肌肉，緊密地抽入肚子的肌肉——繃著，然後放鬆它們。

接下來，想你的手臂和雙手完全放鬆；想它們靠在椅子把手上有多麼沈重，讓你的思想繼續下去，透過你的腿，到你的腳——想想安放在地板上你的腳有多麼沈重。

現在，集中你的思想在你整個身體都放鬆，突然間，全部一起放開！——你整個身體放鬆！

在這整個逐步放鬆期間，你繼續凝視著燃燒的蠟燭，你的眼睛固定注意力，因此，在這個時候，你的眼睛已經疲累了，現在，想你的眼皮非常非常沈重，非常想要閉上休息，想有多麼想睡了。

在四周事物看來模糊之前，需要很少的心性建議，你疲倦的眼皮會強迫閉上。

在你的眼睛閉上之後，接著做你的心性建議——繼續去想，你如何很想睡，想你自己毫不費力地要睡著了……想你的呼吸有多麼深滿……你整個身體感覺有多麼放鬆愉快；感覺一下整個身體好像都不見了的感覺，然後，感覺某種麻痺傳遍你的身體，越來越沒有感覺；你可能開始經驗在你手指頭某種麻刺，它們安置在椅子把手上，你甚至能感覺一點點脈搏，開始在你手指頭跳動，你沈入、掉入、下去、下去睡覺；下去、下去、下去、進入催眠。

繼續想這些心情建議，心裡面對自己一再重複，

一直到你到達整個身體的感覺好像停止了一樣，你感覺非常愛睏想睡，非常愛睏和想睡；此時，你設定了自我催眠；當到達這點的時候，你會知道，連再去想睡覺的建議都會覺得太費力：你唯一要做的是，放鬆進入睡覺；這就是那個時刻，在你自願引導自我催眠的情況，此時潛意識顯露發生最顯著；這是心理性的時刻，用來種植任何你希望進入你潛意識的建議，在此，就是達成接下來要做最大有效控制呼吸過程的預備性建議，正如你所記得的。

慢慢地舉起你的雙手，把手掌放在耳朵上，雙手平壓著頭……然後，對自己大聲重複你所記得的「建議公式」（此把雙手掌放在耳朵上同時大聲對自己說建議的技巧，會有一種穿過頭腦哼響的回響力量）。

在目前狀態，你的心智沒有意識性警覺，因為大部分心智意識的方面已經退到一邊，你心智潛意識方面已經警覺了；因此，當你對自己重複所記得的建議，它才不管你說什麼；只是重複建議，一而再重複，以某種歌唱樣式，幾乎好像沒意義韻律式的念經樣式；讓你的句子混在一起，像這樣：

「我的心智和身體一起同步……我的心智直接影響我身體，我的身體影響我的心智……它們合為一體一起運作……」等等；要點是去讓建議從開始到終結繼續流下去，有如連續的流水。

一而再重複所記得的「建議公式」，最少七次；在這些重複之後，你可能會感覺到非常想睡，繼續對

自己說話和雙手壓著耳朵，幾乎好像都太費力了，因此，讓你的雙手掉進懷裡，在那舒服椅子入睡，如你所希望。

你是否睡著了或只是深深地放鬆，都無關緊要，昏迷會漸漸地消失，你自己會起來，感覺更新了，準備好再面對每天的活動。

在整個過程中，你一直保持著某種意識；必須如此，以至於你能給心智建議，但你同時已經在催眠中了；終結自我催眠會期，應該是最平凡，整個過程已經完成了──就此而已。

22 放鬆自我催眠法

你必須學習放鬆；所有在你心智和身體裡面的緊張，都必須放開；放鬆就是完全放開！一直到你設定它成為一種自然的習慣，在初期，放鬆必須是一個意願性的努力；使用下面愉快的方法，對於達成完全放鬆，會很有幫助。

背躺在你的床上，閉上眼睛，心裡決定你將放鬆你身體的每個部分，安靜地躺著，隨著深呼吸一、二分鐘，讓你身體安靜下來，然後，從床上舉起你右手臂到四十五度的角度，保持幾秒鐘，然後，突然間──讓它掉下來！在掉下的時刻，對你自己想：「右手臂放鬆！」然後舉起、保持和放下你的左手臂，同時心裡引導左手臂放鬆；做此練習幾次，一直到你達

成所要的手臂放鬆程度。

接下來，從床上舉起你的右腿到四十五度的角度，保持一會兒，然後，突然間——讓它掉下！當它從床上回彈，想著：「右腿放鬆」的建議，然後舉起、保持和放下左腿，同時心裡引導你的左腿放鬆；做此練習幾次，一直到你達成所要的腿放鬆程度。

在此點，安靜休息片刻；當準備好之後，從臀部往上提起軀幹，一直到軀幹在床上呈四十五度角，保持它，然後，讓你自己掉回床上，同時思考建議：「所有身體的肌肉都放鬆！」重複練習幾次，一直到你達成所要的軀幹放鬆程度。

現在，繼續放鬆你脖子的肌肉，為此目的，在床上頭以溫柔的搖動，從一邊動到另一邊，在每次搖動的時候，重複建議：「脖子肌肉放鬆！」然後，讓你的思想放鬆頭和面孔的肌肉；想你的頭皮放鬆，你的眼睛放鬆，你的下顎放鬆；重複練習幾次，一直到你達成所要的脖子和頭放鬆程度。

你會體會到這些放鬆練習很棒；它們也很有益於你的生理和心性健康。

現在，安靜背躺在床上，在心裡形成一幅你整個身體完全地放鬆了的心性畫面，並透過容易的志願性放開，同時放鬆你身體的每塊肌肉，不停練習，一直到你成功感覺到徹底地鬆軟，一動也不想動；感覺傳遍全身放鬆的美味，伴隨著深度放鬆置入（Set In）到你的身體，經歷一個完全的經驗，隨著身體，心智

也跟著──深度放鬆填滿你的心智。

23 注意力自我催眠

注意力把心智集中在某人所要實現的，它是催眠的基本特性之一，也是一個引導自我催眠非常重要的因素；集中是注意力聚焦的主要元素，因為它對你掌控自我催眠非常重要，所以要好好探討它表現的定律，和做增加你技巧的練習。

在練習此注意力時，調暗你的房間，在牆壁上的一張畫片上投射聚焦光點，在畫片前面，找個舒服位置瞪著它。

仔細地看畫片裡的每個小細節，研讀每條線，每個底紋，每種顏色，每處最微細之處；當你真的看著它的時候，你會驚異竟然有這麼多的細節在一張簡單畫片裡。

完全集中並讓自己融入畫片內，以至於所有其他周遭的都消失，你越是在此練習成功，注意力的定律越會有力地開始運作，有如你其他的印象看來都不存在了；事實上，甚至你的身體也會好像消失了。

這個練習提供一種發展「注意力固定」的方法，將強化你引導意識對某物件集中的能力。

經常做這個練習，每一次用一張不同的畫片，這對你的自我催眠很有價值，你越是精通集中你的注意力，你將取得更好的結果。

24 想像自我催眠

想像是心智形成畫片的力量；我們能意識性引導到某種程度，但基本上，它屬於潛意識，一直浸染我們的人生。

你要學好如何刺激你的想像看見功能，為此，本練習很有價值：舒服地坐在一張椅子上，放鬆閉上眼睛；現在，在你的心智召喚你所在房間的影像，雖然你的眼睛閉著，想像你正看著房間。

在起初練習的階段，心性畫片可能模糊不清；但透過多加練習，會很快變成很清晰，有如睜著眼睛看到實際的場景，現在，嘗試去回到記憶，從一個以前快樂的經驗中，帶出一個熟悉的情景，在你的心智的眼睛（Mind's Eye）裡，看看你能找出多少細節。

取得了形成心性畫片技巧之後，放一點創造力進入你的影像；在房間裡放一些實際上不在那裡的人事物，起初可以是實際上你所熟悉的人和事情，爾後，放些完全是你想像結果的人們和物件畫片。

你會發現，這是個很棒的練習，用來發展你的想像，以想像看見格式的想像，對於呈現建議到潛意識有很大的價值；你越能學會明亮地畫出你的建議（以心性畫片），它們的影響越是有效。

25 紓解壓力自我催眠

你現在準備好，準備你的自我引導催眠的情況；透過你的固定物件（Fixation Object）集中注意力，用一根燃燒的蠟燭（或一個擺錘、或一個發亮的碟子、或一個旋轉漩渦、或某些類似品），放在一張桌子上，前面擺一張舒服的椅子，接下來，調暗房間，你舒服地坐著，放鬆，你準備好了，要開始自我催眠的會期。

把你的眼睛固定在蠟燭的火焰，這時刻，不要集中在任何東西；只是愉快地放鬆，讓你的心智漂流，讓任何思想自由來去。

現在，透過你的鼻子深深地呼吸，憋氣大約五秒鐘，然後，透過嘴巴慢慢地吐氣；重複大約十次；它會把你的心智安靜下來。

現在，以某種心性重複對自己想：「我頭頂的肌肉放鬆了；我的頭皮放鬆了；在我的頭皮感覺到一種愉快的麻刺。」

想它，你就會感覺到它。然後，讓思想往下傳到你的面孔，思考你臉部的肌肉放鬆；讓你的下顎放鬆，確認你的牙齒不是緊密地咬合，以任何最自然的方法呼吸──透過你的鼻子、嘴巴，或鼻子和嘴巴混合用。

從你的面孔，讓你的思想繼續往下到肩膀和胸膛的肌肉，想它們完全放鬆，你深深地坐回你舒服的椅

子，聳起你的肩膀，保持一會兒，然後，突然間把它們放鬆；經驗感覺它們有多麼放鬆，然後，隨著你的思想往下，到你胃部肌肉，緊緊地抽入你肚子的肌肉，保持，然後放鬆，經驗完全地放鬆。

接下來，想你的手臂和雙手完全放鬆，想它們變得非常沈重，安置在你懷裡，讓你的思想繼續往下去，透過大小腿到你的腳，思考你的腳變得非常沈重，安置在地板上。

一步接著一步，你照著你身體一路下去──放鬆你身體所有的肌肉；現在，集中你的思想在整個身體──全身一體──完全放鬆，突然間放開！讓你整個身體放鬆！

在整個逐步放鬆期間，你繼續凝視著在你眼前桌子燃燒的蠟燭，到這個時候，你的眼睛沈重累了，想你的眼睛，經驗它們很累和沈重了，它們非常沈重和累了，只想要閉上；讓它們閉上。

你的眼睛閉上，更深沈入你舒服的椅子，想去睡覺，對自己想，一而再做睡覺的建議：「我非常想睡，我要睡覺，想睡，睡覺，我非常想睡，我要睡覺」；隨著你掉入休息和睡覺，想你的呼吸如何深沈和緩慢；心裡對自己建議：「我的呼吸變成有多麼深滿，我整個身體感覺有多麼放鬆和舒服，我能感覺到我身體全都祥和，我手指頭開始麻刺，它們在我的懷裡休息，我沈下去、下去、下去睡覺──我深深地在催眠睡眠中。」

隨著你自我建議繼續下去，你可能變成很想睡，但你不會睡覺，你會很放鬆，進入心智催眠的狀態，就是你引導你自己的方向。

繼續思考這些變成放鬆和想睡的心情建議，進入催眠；對自己一而再重複這些建議，一直到你到達一點，你整個身體所有的感覺好像幾乎都停止了，好像你沒有身體了。

當你對自己重複進入催眠的建議，時間會來到，你會發現你自己變得非常昏睡，你最後只是感覺繼續再給自己更多建議，實在是太累了，在此點，停止給自己建議，只是讓自己去沈入進入這種和平懶散，這就是催眠的和平懶散；好像你不再關心：這就是心智的狀態，在其中，你的意識閃到一邊，你的潛意識寬敞打開，接收任何你希望給的建議。

就是在此自我催眠引導過程的這一點，在接下來的會期內，你要種植所想要的建議進入你的潛意識；但在這起初的會期，你只是訓練自己到達此狀態，因此，照著本步驟的本性種植建議。

舉起你的雙手，壓著耳朵，現在，對自己大聲說以下的建議：

「現在，我在深度催眠中，我完全放鬆了，我的潛意識準備好了，願意接受這些我現在要種植的建議。」

「每一次我自己做這個過程，我會更深、更深地進入催眠，這個過程很容易，它很愉快和放鬆，我越

來越容易催眠我自己，我接受任何我給自己有益的建議，深深地到我的潛意識，在那裡自動產生效果，變成我『存在』的一部分，我變成一位自我催眠大師，在我任何希望的時間，我就能用這個過程，每一次我用它，我會更深更深地進入催眠。」

停止給你自己建議，現在，讓你的雙手從耳朵掉入你的懷裡，過程完畢。

你會感覺很放鬆和想睡，但你會完全知覺，因此，在任何你希望的時間，你能把自己帶出催眠。

若你要從自我催眠的懶散醒過來，你只須對自己想這些建議：

「我給自己的建議，深深地嵌入我的潛意識，現在，它們產生效果，以我的人生行為格式表現出來，隨著我每次呼吸，越來越有效——日日夜夜；我已經是一個自我催眠的大師了，在任何我希望的時間，我都能把我自己放進這種潛意識接受性的心智狀態；現在，會期完畢，我將自己從催眠中叫起來，我能感覺自己回到正常清醒，現在，昏迷開始離開我的心智，我的身體開始移動、活躍和完全警覺，我打開眼睛，我完全清醒回到當下，感覺很好很棒。」

從你的椅子起來，去做你的每天活動。

26 自我催眠樣本

在我們開始之前，先做一個簡單的測試，來增加

你的注意力和聚焦的程度，請你坐在椅子上或其他東西上，我要你伸出右手，手臂在你面前向上，手掌對著你的面孔，大約在面前三十公分，手指頭向著天、指著天空，手指頭靠起來，你的手和手指頭在你面前。

現在，閉起你的眼睛，想像或想像看見在你面前的手和手指頭，好，現在，睜開眼睛，再次看著你的手和手指頭，我將從 1 算起，當我算到 3，我要你閉起眼睛，再一次想像或想像看見在你面前的手和手指頭。

我們現在要你在心裡默默地、跟著我念下面這些，或小聲地說給自己聽，你在做自我催眠，把你自己催眠。

1……看著在我面前的手和手指頭。

2……注意集中每一個字眼上。

3……現在把我的眼睛閉起來，想像或想像看見在我面前的手和手指頭。

現在，我的眼皮還是閉著。

我要做十次深沈、緩慢的呼吸，吸進來、吐出去，隨著每次吐氣，想著放鬆這個字眼，想像一種放鬆的感覺，進入我整個身體，讓我的身體開始放鬆，隨著每次吸氣和吐氣，更多更深的放鬆。

在我第十次吐氣的時候，我讓自己深沈地放鬆，在我第十次吐氣的時候，我讓自己更加專心注意，我所聽到的每個字眼和建議，在我第十次吐氣的時候，

我點頭表示肯定，開始讓我的手和我的手指頭，對現在所接收的建議有所反應。

我的手在我面前，我的眼皮閉著，想像一種感覺，現在，好像把小木片、小塊的木頭放在手指頭之間，我的手指頭分開了，更加分開。

在我手指頭之間的木片，現在使我的手指頭分開，現在分得更開，我的手指頭現在彼此分得更開，我手指頭分得更開。

隨著我手指頭彼此分開，我也想像有個磁鐵的拉力，好像把在我面前的手、手臂和手指頭，現在往我的面孔和前額拉近。

在我面前的手，現在更靠近我的臉。

拉近來、推近來、提升起來、越來越近，隨著每次吸氣和吐氣，更接近我的臉和前額，隨著我深沈，吸進來和吐出去，我的手和手指頭更靠近我的面孔。

我的注意力更集中更強大！

感覺好像有個磁鐵放在我額頭，有個磁鐵在面對我的手掌。

想像這兩個磁鐵的吸引力變得更強更強，磁鐵吸著我的手臂、手指頭和手，往我臉和前額靠近。

提起來、升起來、拉近來、拉近，更近，更近，現在更靠近我的面孔。

當我手指頭和手碰到我臉或前額的時候，我就讓它溫柔地停在那裡，我產生了很大的注意力。

感覺到我的手指頭，現在分開，分得更開。

讓我的手指頭、手和手臂移動，更靠近我的面孔，一直到它碰到我的臉，或我的前額。

感覺我的眼皮越來越沈重，現在更沈重。

當我從 5 往下算到 1，我感覺我的手和手指頭移得更近，更靠近我的臉。

5……我的呼吸更深，隨著每次吐氣，越來越深沈。

4……如果我的手已經碰到我的面孔，它會繼續在我的臉放輕鬆。

3……如果我的手和手指頭還沒有碰到我的臉，手指頭和手會繼續拉近來，更近、更近，更往我的臉靠過來，一直到我的手安詳地碰到我的臉上，磁鐵的拉力越來越大，越來越強。

2……我注意力集中在我說的每個字眼，變得更清晰。

1……隨著每次吐氣，每次我吐出去，我讓自己體驗放鬆、深沈平和，注意力集中的感覺，一種開始輕度催眠的感覺。

0……我的手、手指頭和手臂還是停在那裡，不要動！

睜開我眼睛，現在看我注意力集中，做得很好。

每次，我練習這個小小精神操練的時候，我注意力越集中越強大。

現在，放鬆我的手、手臂和手指頭，準備好要改變我的人生，準備好要更放鬆、更寧靜，我能消除所

有的情緒模式，消除產生恐懼和壓力的過度反應。

我現在有自信心，讓我的腦子、身體和心靈，再次變為強壯健康，我現在會達成我人生的每一個目標，從第一個目標開始，那就是對恐懼、壓力和緊張說再見，歡迎享受新的自由，感覺很好，放鬆，我的腦子清晰敏銳，我要快樂，幫助別人，來享受每個新的一天。

現在，我準備好了要改變，隨著每次吸進來和吐出去，我更嚮往新的人生，就在眼前。

我現在坐著，我的腳掌平貼在地板上，把我的手掌放在大腿上，一隻手在一隻腿上，手指頭張開，安放在我的腿上，如果我坐在地上，我的手就朝下放在我的腿上。

好！

如果我戴眼鏡，現在拿下來，放在安全的桌子上或安全的地方，我確定沒有干擾。

如果我在嚼口香糖或口中有任何東西，現在拿出來。

我不要任何事情、任何人干擾我，阻止我進入催眠。

這是我的機會，和改變的時候。

現在，我開始做一些「深呼吸」的練習，來放掉恐懼、壓力和緊張，幫助我，準備好被催眠。

把我的手掌放在腿上，把我的注意力集中在手上，現在看著我的手，把我的注意力集中在我腿上的

手。

現在，閉起眼睛，我眼睛閉著，想像和想像看見我的手，平和安放在我腿上。

點頭肯定，現在！

睜開眼睛，再看我的手，安放在我的腿上。

讓我的手感覺非常非常沈重，感覺我眼皮非常非常放鬆，我不久會閉上眼睛，更放鬆，我注意到呼吸，現在變得更深沈。

我現在從 1 算到 3，在算到 3 的時候，我深深地吸一口氣進來，憋著五秒鐘，現在，把注意力集中在我的呼吸，我注意到了，我的呼吸改變了。

我注意到，呼吸更深沈，當這件事發生的時候，對我自己點個頭，表示肯定。

我注意到喉嚨乾燥，會想吞口水，我的手安放在我腿上，當我從 1 算到 3，我就深呼吸，吸空氣進來，憋著五秒鐘，再吐氣，釋放空氣。

1……2……3！

現在，深深的吸進來，吸進來！

深沈地吸進來，憋著這口氣五秒鐘。

5……4……3……2……1！

吐氣，放出空氣。

第二次深深的吸進來，吸氣，吸氣，憋著，憋著！

5……4……3……2……1！

吐氣，放掉，開始感覺我放鬆了。

當算到 3 的時候，現在，我們做第三次深呼吸進來。

1……2……3！

吸進來，現在──吸氣，憋著，憋著……

5、4、3、2、1……現在，吐氣，吐出去。

我身體和腦子現在都放鬆了。

如果我還沒有閉上眼睛，現在，閉起眼睛。

我現在進入催眠了！

（接著加深與催眠治療建議。）

27 瞬間放鬆法

本法適用於自我催眠，如果有足夠的練習，可以在一秒鐘內進入入神狀態。

選擇某個可以瞪眼的點，瞪著該點幾秒鐘，閉上眼睛，感覺其中的差異，你的眼睛感覺到閉上比睜開更放鬆，記住這種感覺，並盡量擴大此感覺。

這種感覺非常放鬆，以至於你根本不想睜開眼睛，可是你一定要試著睜開眼睛……下一次當你睜開眼睛的時候，眼皮更沈重，你更不願意睜開眼睛；現在，睜開你的眼睛，只要睜開上次的一半，瞪的時間也減到一半；現在，把眼睛閉上，這種放鬆很舒服、美妙、完全，你的眼睛非常放鬆；下一次，當你睜開眼睛的時候，你的眼皮更加沈重，只會睜開這次的一半開；盡你最大的可能，保留這種放鬆的感覺。

　　繼續以上的操作，一直到不管你試多少次，你都無法睜開眼睛。這時候，你已經進入入神狀態；把此放鬆放大，感覺全身都沈浸於此，好像放鬆的乳液，從眼皮流過眼睛、頭、脖子、身體，全身都放鬆了，在此瞬間，你整個身體都完全放鬆。

　　這種透過凝視（眼睛瞪著某點）的外力催眠和自我催眠法相當有效，所凝視的點，可以是個天花板上的亮點、蠟燭火焰，或某個以頻率閃爍的小燈。

三、更高境界自我催眠

28 梅斯莫爾法

這是一種催眠過程，安東・佛德列克・梅斯莫爾醫生（Franz Anton Mesmer, 1734 - 1815）發明的，它是一種沒有口頭建議產生催眠的方法。

要催眠對象舒服地坐著或躺著，要他穩定地瞪著你的眼睛，同時你也穩定地瞪著他，現在，開始做無接觸通過，從頭往下經過身體，若坐著則到膝蓋，若躺下則到雙腳，離身體大約五公分，集中你的心智在催眠對象進入催眠睡覺，你繼續做通過，一直到催眠對象進入入神狀態；使用你的意志力。

29 著迷催眠法

要催眠對象坐在你前面，告訴他把手放在他的膝蓋上，你們的膝蓋要接觸，把你的手穩定地放在他頭頂，現在，要他穩定地看著你的眼睛，不要眨眼，只想去睡覺，保持瞪著他的眼睛，一直到他閉眼，透過你的眼睛瞪著他，表達你思想的指令，亦即睡覺。

透過這種眼睛著迷法，催眠對象會進入深沈催眠；催眠對象在進入睡眠之前的眼神，非常顯著。

這個方法也能用於聾子，在催眠之前，要他們瞭解，在你給予訊號（如碰觸脖子兩次或某類似的東西）的時候，他們就會醒來。

30 鐵板神功

若要引導整個身體肌肉僵硬，把站立的催眠對象帶入深度催眠睡覺，告訴他盡量往前挺起胸部，牢牢地抓著他褲子的每一邊，要他把身體盡可能地繃緊僵直，同時用你的右手提起他的頭，瞪著他的眼睛，建議如下：

「你……進入了……非常……深沈的……睡覺。深深地……睡……當……我……算到……三……所有……在……你……身體……的……肌肉……變成……很僵直……和……很僵硬……就像……一根……鐵……棒。一……二……三……你的……身

體……繃緊……僵直……像……一根……鐵棒。非
常……非常……僵硬……也……無……法……彎
曲。」

在給予這些建議的時候，從頭到腳趾沿著他的身
邊往下做通過，偶爾碰到頭、手臂、胸部和小腿，請
某人從他後面穩定地扶著，再要第二個人抓著他的
肩膀，第三個人拿著他的雙腳，把他水平抬起來，完
全攤開放在兩張分開的椅子或木頭的拒馬上，中間懸
空，用軟墊墊在頭下，催眠對象的肩膀要放在椅子
上，踝骨放在另一張椅子上，在每端椅子上，找一個
人分別坐著，面對著催眠對象，告訴他們抓著他，不
要滑掉，然後吊掛一塊重布在他的身體上，從肩膀蓋
到雙腳，用你的右手，從中間提起他，再度建議：
「僵直……僵硬……僵直……你的……身體……硬
得……像……一根……鐵棒。」

然後，試著坐在他懸浮的身體，若他能支撐你的
體重，你可以站在他身上；在做完了之後，要你的助
理把他從椅上搬下來，雙腳站直，然後說：

「放鬆……你的……肌肉……現在。放鬆……你的
……身體……在……各個……部位。當……我……算
到……三……你……將……醒來……並……感覺……
很……好。一……二……三。很好。你……已經……
完全……清醒……和……感覺……非常……好。」

在此實驗中，要很正面地建議；這驚人的示範經
常用於舞台的催眠表演。

31 長久入神法

警告：這個實驗很少做，而且只有在專業指導之下才可嘗試。

在此情況中，被催眠的對象，可停留在入神之內長達四十八小時，而沒有困難。

所使用的催眠對象，應該是一個能立即進入顯著催眠者，在早餐前不要吃或喝任何東西；換言之，在做這個實驗的時候，他的肚子應該空著；把他催眠到極深沈入神，建議他，除了你的聲音之外，他聽不到任何其他聲音，也沒有任何東西能干擾他或叫醒他，告訴他，他將舒服地睡四十八小時，也不能提早叫醒他，但在四十八和四十九小時之間，你從一算到十，就會很容易叫醒他，他會感覺很好，睡了一個美妙、健康的覺，這在各方面對他的身體都很有益處。

建議他，在他睡覺期間，不會感覺飢餓、口渴或想尿尿，除了呼吸和心跳之外，所有他身體功能都暫時中止，他的器官完美正常運作，他不能移動，在長久入神期間，會完全舒服。

指明他睡覺的時間長度，並堅持他不能提早醒來，除非是你叫醒他，特別強調這點；建議他，萬一你在這段期間發生意外事故，他會在某指定時間（你*必須明確講出來*），隨他意願醒來，不要忘記這個！每一個建議最少正面重複三次。

當你準備好從長久入神中叫醒他，找三人或四人

穩定地抓著他，一直到他完全醒來；有些催眠對象從
入神出來，會掙扎幾分鐘，最好你有事先準備好；只
有很棒的催眠對象，才可以進行這個實驗。

長久催眠曾經被使用為一種因為明顯身體緊張而
造成的精神問題治療方法，它讓身體得到所需要的時
間和空間來恢復。

32 靈異能量催眠法

現在，閉上你的眼睛，想像整個宇宙有如一個能
量大海洋，你像一個海洋入口，宇宙能量存在那裡，
等你來擷取，照你所願來用它；能量是振動，振動是
動作。

坐在一張椅子裡，延伸你的手臂到你前面，開始
激烈顫動你的手，往四方甩，任何方式都可以，只要
狂野地甩，絕對自由地甩，開始的時候，你要努力，
但很快地，顫動變成不費力，似乎會自己發生，當你
做這個的時候，讓你的心智寧靜下來，在顫動中你自
己經驗，有一個時間將會來到，那就是似乎不再是你
的手在顫動，而是你顫動──內心和外在。

當你變成顫動，而非只是做顫動的動作時，你將
開始感覺自己填充了能量；一種看起來好像精神和物
理性的能量，同時合而為一。

你成為顫動你的手之後，經過一段時間，有了足
夠的這個活動，把你的手放鬆到懷裡，休息一會兒，

你現在準備好了，去做另一個相關的過程，自動帶來你整個身體的顫動；帶給你大量這種活命的能量。

站直閉上你的眼睛，讓你整個身體振動，你會發現，這個很容易做到，因為你已經開始讓能量流通透你的身體，因此，現在只要讓你的整個身體變成能量，讓你的身體溶解，溶化它的疆界，只要站直放輕鬆、鬆散和自然，你不必做任何事情；你只是單純地等待某事情發生，你所必須做的，只是配合和容許它發生，配合不要變成太直接，不要勉強，只要讓它自己來，你會發現，你的身體開始自己移動，它會怎麼移動，就看你了，所有人都不同，你的頭可能抽動，你的身體將開始在不同的方向顫動，只要讓它自由顫動，甩到任何方向。

可能你的身體將會微妙地移動，如跳一點點舞，你的手移動，你的小腿看起來自己移動，你的整個身體開始顫動，伴著潛意識到處移動，你所必須做的，只是容許顫動發生。

能量是很微妙的，因此不要抗拒它，只要讓它自己發展，當它發生了，想像顫動是宇宙能量進入你裡面。

當你認為已經有足夠的這種自動身體顫動，就停止下來，任何時候你想要，你就能停止，現在，站著不動，你的眼睛還是閉著，深深地、完全地呼吸，引導這個能量到你的腦子，想像看見你發光像一個能量球，從腦子通過你身體的每一條神經，滲入你的每一

條纖維。

在做這個的時候，使用你的想像力，在你心智的眼睛，看你帶進你身體的能量，流通過你整個身體，你帶著能量活著；絕對不要害怕用你的想像力，想像力是有創意的心智力量，每一件事情都從想像力開始。

現在，你感覺如何？你會感覺你自己活著帶著活命的能量；你自己測試它……

把你的手伸出來，引導能量進你的手，你將感覺你的手指刺痛，好像電流通過，把你每隻手的手指尖彼此對著，分開大約二至三公分，你會經驗兩手之間的能量流動；在一塊黑布前，碰觸你的手指尖；然後分開一點點，每一方向來回移二至三公分，觀察你會看到什麼，你將看到霧狀輻射光線在其間流通。

這是催眠師的原始能量，當你把這能量放置在精神感應能量（思想格式）——此後者騎在前者背上，當它如此發生的時候，也就是你發展了催眠力量的時候，它就是梅斯莫爾所使用的動物磁場。

精神感應能量是思想的產物，每一個思想在腦子內，產生一個像電流的電釋放，而電釋放產生一個波動，思想波動很像一個收音機無線電波，只是更微妙，它能透過空間從一人傳送給另一個人，當用於催眠過程中，這個傳送思想格式，以原始能量為動力，結果會很驚人；產生精神感應能量並不困難，因為它的產生是心智的一種自動功能，每一個思想都會產生

它，然而，它能被注意力和意志力強化。

注意力的意思是，保持思想一致集中在心智內；意志力的意思為，導引你的思想到你要它去產生你所希望的效果之處；這兩種過程都是催眠師刻意導向的，用來產生從這個心智到另一個心智的思想引導。

你已經學習了如何自己產生原始能量，現在學習如何大力地完全投射思想格式，進入接收者的心智。

你越是不費力地投影思想，越會有效地傳送，那就是說，不要用力集中思想，努力試著去推它進入別人的心智；意志力不是用來推動思想的，意志力只是用來形成思想，把它放在心智內的中心，也就是想像看見的地方，這就是說，你精神上形成一個影像，你要發生在接收者心智內所思想的影像（就是你所催眠的那個人）；若你希望，你能想像看見你的思想有如漣漪，發生在你自己的心智湖泊（Lake of Mind），然後在另一人的心智湖泊內，類似的影像形成同樣的漣漪；做這個的時候，使用你的想像力，你越是能清楚形成精神影像，影響就越強烈。

33 動物磁場法

以下是如何使用動物磁場的引導過程。

學好做這些過程，它不只給你影響別人的力量，也給你其他力量，來幫助別人。

你自己能從你所發展能量的力量大受益處，只要

把你充電的手，平放在你的丹田（太陽神經叢），讓能量流入你自己，你會發現你已經打開你自己，架好了一條通往宇宙能量的管道，它的供應無止境，你沒有必要再累了；在此，你可發現你已變成一個力量的主人。

請記得，這裡所描述的方法是，現代形式的古代動物磁場，它從十八世紀梅斯莫爾時代開始就有效，雖然科學進步，已經證明沒有磁性液體這個玩藝兒，然而，使用想像力合併相信，加上物理性的動作和移動，促使腦子進入入神狀態的方法，還是很真實；這是個平白的事實，不管你個人信不信磁性液體，這個方法還是帶領某催眠對象進入入神的好方法。

這就是描述這個議題的理由——並非要支持磁性液體的廢話，而是研究好多世紀以前最偉大的催眠師所發明的方法。

34 密續性愛

在你身體保持性生活是想長壽的重要法則，生命就是從性而生的。

密續性愛，不以繁殖複製或生理性的愉快為中心，它是一種靈性狂喜冥想經驗的產品，那就是超越愛侶之間欣快經驗所能描述的，它以宇宙性愛能量聯合男女，這種終極性愛，就是創造的基本能量，性愛在所有存在中是永恆的。

在你私人臥房做密續性愛，讓房間溫暖舒服，調柔燈光，若是可能，用紫色光照滿房間。

從兩位伴侶沐浴開始，從頭到腳趾頭都洗乾淨，俗語說：「乾淨接近上帝」（Cleaniness is next to Godliness.），如果她喜歡的話，女方身體可搽一點香水。

雙方赤裸背躺在床上，手安置在身邊，雙腳稍微分開，安靜休息一段時間，安靜地彼此緊靠著，要抑制任何擁抱、接吻，和生理性動作的衝動，你們會感覺到有生理性愛衝動，但是要抗拒它，只要兩人舒服地緊靠著，不要動，眼睛睜開，瞪著滿溢房間的紫色光迷霧，注意現在開始進來的音樂。

在背景播放一些柔和的冥想音樂；可用《催眠音樂》光碟，效果更棒。

在聽著音樂，性衝動還會繼續，音樂有一種鎮定的效果，使兩人最愉快地安靜地緊靠著躺著，會感覺到有一股能量流動在完全伸展的身體之間，它是性感的，但是在寂靜階層；現在，進入音樂……一起開始從性移到愛。

你現在開始使用催眠諮詢到此經驗，現在，隨著你們進入催眠精神領域，開始用愛——性作為你們注意力集中的焦點；只要遵照將給予你們的指令，你兩人一起進入內部心智的深淵。

現在，在催眠引導以冥想音樂或《催眠音樂》作為背景，更柔地進來，確認：「當你們安靜緊靠著，

集中注意力在所感覺的性衝動上，完全經驗它們，現在，閉上眼睛，愛侶堅定地以愛的手相互抓著」，在抓著的手之間，能量流動會很有支撐性，當性感覺越強的時候，回應以下的建議，你們同時一起放鬆。

「透過鼻子深沈地呼吸……憋著大約五秒鐘，然後慢慢地吐氣，放鬆、放鬆、放鬆，現在，再度透過鼻子深沈地呼吸……憋著呼吸……然後慢慢地吐氣，放鬆、放鬆、放鬆，現在，再一次，透過鼻子深深地呼吸……憋著……然後慢慢地吐氣。」

這種呼吸把氣息能量帶進身體，也去想在身體所發生的，促使身體主觀性回應所思想的。

現在，想你們變成多麼完全地放輕鬆了，首先想雙腳有多麼地放輕鬆，想它就會感覺它。

現在，把注意力移動到小腿，想小腿的肌肉有多麼地放輕鬆，想它就會感覺它。

繼續，接著，往上，到整個身體。

移動往上透過軀幹的肌肉，現在，繼續移動往上，想所有胸部和肩膀的肌肉都放鬆，從肩膀，想著放鬆，流通下去到手臂和手——所有的緊張從手指尖流出去。

現在，想脖子和臉肌肉放鬆……一直上到頭頂，整個身體的每一塊肌肉都逐漸地放輕鬆；從雙腳到頭頂，整個身體的每一塊肌肉，都透過精神建議放鬆了，現在，突然間放開！放開！放開，並絕對地放輕鬆。

你們會發現因為如此放輕鬆，而使你們昏沈愛睏，你們開始感覺很愛睏……很愛睏，掉入催眠中，在那裡能直接對潛意識心智說話，它會遵照每一個給它的有益建議，每一個給潛意識的建議，自動地產生作用，變成你們的事實。

現在，掉進睡覺的領域，睡覺、睡覺、睡覺去，進入催眠睡覺，你們昏沈愛睏，心智的意識相閃到一邊，而你們心智的潛意識相浮顯出來，準備好了要接收並且完全接受這些美妙密續性愛藝術的建議，使它變成你們的事實。

現在，當你們在此美妙催眠幻想的狀態放鬆，即將刺激身體的法輪，產生漩渦活動，隨著你們以上升順序思考法輪的顏色，使用渾扎的「有色梯子」，有如前面所學過的，在此它再度和密續性愛並用。

開始想紅色，把心智填滿紅色、紅色、紅色，想像看見你們所希望任何形式的紅色：看一顆紅色蘋果……一塊紅色布……只要在頭內看到紅色。

完成？好，放鬆一會兒。

現在，把心智填滿橘色，想像看見橘色、橘色、橘色，看一顆橘子，或看西藏僧侶的橘色袍子，以橘色填滿你的心智。放鬆一會兒。

現在，把心智填滿黃色、黃色、黃色，看黃色的太陽，看到黃色花朵，以黃色填滿你們的心智。放鬆一會兒。

現在，把心智填滿綠色，想像看見綠色，美麗舒

服的綠色，春天的綠色，綠色的草，綠色樹葉，綠色樹木，以綠色填滿心智。放鬆一會兒。

現在，把心智填滿藍色，看藍色，看到藍色天空、看藍色海洋，讓藍色填滿你們的心智。放鬆一會兒。

現在，把你們的心智填滿紫色，紫色、紫色，看一堆紫色，以紫色填滿心智。放鬆一會兒。

現在，移動心智到最頭頂——到頭頂的皇冠法輪，讓所有顏色混合在一起，變成純真白色，讓白色完全填滿你們的心智，看白色環繞你們全身，像靈氣以靈性的光填充你們，流進無限空間。

當你吸入白光，放鬆一會兒，愛侶們已經一起走上此法輪顏色梯子——同步走。

現在，背躺著——並躺——愛侶轉身面對，擁抱在一起，身體緊密接觸抱在一起，讓嘴唇美妙地吻在一起，溫和吻嘴唇，柔和地碰觸……從嘴唇開始整個身體緊密接觸，一路下到腳趾頭，彼此相互投降……在此愉快地擁抱，美妙地放鬆，同時每一個伴侶想像看見自己，有如被白光靈氣環繞著，它是一種強烈的靈性經驗。

現在，伴侶倆，只要以此擁抱安靜躺著，你將感覺到一個美妙的情緒能量流動，流通在你們之間，它是性，但同時也很平靜安寧。

躺在此安靜姿態，感覺愛的能量在你們之間流通，在此狀態，你們開始結合為一。

　　保持在此擁抱大約五分鐘，同時男方想女方身體下半身有如祭壇：她毛髮是獻祭草，她皮膚屬於女神的身體，女方陰戶的二片陰唇是前往至福的門檻，此女很偉大，對他來說，在每一方面都很偉大，在此，他女人的美妙性，轉向到他自己，甚至不知道，她美妙的女人味也轉向他自己，性被啟動了，要把性愛超越成在愛侶之間的一次靈性經驗，經驗密續性高潮的時間已經接近了。

　　女方移動，現在，轉成背躺著，提起兩隻小腿，彎曲膝蓋，往上拉向著她的胸部，男方然後把上身移動，到他的性器官直接接觸她陰戶的位置，不要嘗試插入女方，這只是完全男女性器官之間的體外接觸。

　　然後，女方放低小腿，同時男方把右腳放在她小腿之間，這個動作帶來儀式伴侶性器官的緊密接觸，可以完全舒服地延長一段時間。

　　完全放輕鬆躺著，男方溫和地分開女方陰唇，他的性器官部分插入，不要深沈插入女方，但是男性器官和女方潮溼薄膜之間的緊密接觸，是重要的。

　　兩位愛的伴侶——在此位置——現在，完全不動躺著，放輕鬆大約三十二分鐘，在這段時間，兩伴侶想像看見性能量流動——氣息流——在他們之間密切地通過，最強烈的接觸點，在性器官之間，此集中不是強迫用力而來，而是用離散式……幾乎昏睡的方法做到的。

　　漸漸地，兩伴侶會察覺到愉快的感覺像潮水強烈

地增長，隨著氣息能量（生命活力）奔馳透過他們的生殖器官和法輪，在一段二十八到三十分鐘的時間之後，在愛侶之間發生性爆發，比所有以前各自經驗的更大，產生器官性和非志願性的身體收縮——沒有洩精——身體的筋肉組織收縮。

此發生就是密續的性愛，接著大量減少所有緊張，男女雙方的氣息流反轉，現在，流動向內，而非向外——性把整個生物體充滿能量；這種經驗是一種無法表達愛侶之間聯合的狀態，真是極致愉快，透過這個反轉，此氣息流回流，發生終極再吸收，時間和永恆看起來合而為一，男女不再只是性伴侶，而是在終極愛裡結合，突然間，每一位將體認到在創造之前的整體。

在此密續性愛練習，若無法避免洩精，男方可以盡可能地回捲舌頭，暫時停止呼吸，和收縮肛門肌肉，來防止洩精。

要記得，要點是同時注意到呼吸、思想和精液，只要呼吸進行，精液也移動，當呼吸停止移動，精液也休息；若非意願性發洩發生了，密續性愛的藝術就結束了，因為它沒有成果，必須另外找時間再做。

密續性愛的藝術需要多加練習，才能達到高度完美。

若男方成功地戰勝沈迷於傳統高潮的衝動，兩愛侶繼續維持他們的位置，密續性愛高潮發生在終極洩精狀態好多分鐘之後，若愛侶們想要的話，這段時間

可延長到一小時或更久。

在感覺他們身體鬆綁的時候，會感覺到正確的時刻，愛侶捲在一起，被真實聯合洩精撫順，兩人一起進入正常睡覺。

然後兩人醒來，再度深深地清爽，彼此和諧地關切，經驗這種進入終極愛的性轉換。

35 超越性催眠

本催眠方法，超越傳統建議睡覺和放鬆觀念的方法；本過程讓心智停留在它的本位，使用一種催眠的技巧，建議心智採用它的原本角色——超越自我——服從「本我」的命令。

讓對象舒服坐下，腳平坦放在地板上，雙手安放在懷裡，不相互接觸，房間的光線，應該從對象後面向著你（操作者）而來；給以下這些建議：

「當你安靜地坐在椅子內，盡可能放鬆你身體的每塊肌肉，隨著你做這個，把你的注意力引導到我的眼睛上，深深地看入我的眼睛，保持你的注意力完全固定在我的眼睛；現在開始思考放鬆你腳的肌肉，放鬆你的腳；讓你的思想往上放鬆，從你的腳到你腿的肌肉，放鬆你的腿；讓你的思想再往上，放鬆你大腿的肌肉，上到你身體的中央部位，上到你的胸膛，放鬆你軀幹所有這些肌肉和背部，你的手臂和雙手也放鬆了，你的肩膀肌肉、你的背部、你的脖子，也都放

鬆了，現在，放鬆更往上掃過，放鬆你面孔的肌肉，一直上到你的頭頂；你整個頭放鬆了，你的身體，從你的腳尖到你的頭頂，現在，都完全放鬆了，你感覺自己深深掉入這種豪華的放鬆之中。」

「你的眼睛，在這段時間內，都一直看入我的眼睛，在此點，注意到我的眼睛如何改變，你會發現，你不是在看著我的眼睛，而是你看過我的眼睛，進入我裡面，我的眼睛變成窗戶，從它你直接看入我裡面的空間，你會經驗到，你看過我眼睛的窗戶，進入廣大的空間──在其中，能看到天空的星星；現在，把你完全放鬆的『存在』，透過我眼睛的窗戶，把你的『存在』投射到那擴展在你前面那個巨大的空間，當你以此方式深深地看進我，你眼睛的肌肉變成如此完全放鬆，你再也不能開著眼睛，你的眼睛閉上，你的眼睛閉上，閉上你的眼睛，閉上你的眼睛，你的眼睛如此緊密地閉上了，如此放鬆了，不管你如何努力嘗試，你也不能打開，照你希望去試，你不能睜開眼睛，因此不要再嘗試了，只放鬆深入那個在你前面的巨大空間，雖然你自己現在眼睛閉上了。」

「你感覺自己掉進這個擴展在你前面無限的巨大空間，但是，你的眼睛是閉上的，因此，你不再看入我的空間……你現在看的空間，是你自己的空間；你更深更深掉進這個你自己的巨大空間，每次你呼吸送你更深進入，更深進入這個自己的巨大空間，與物理世界無關，你的呼吸加深了，每次你呼吸，送你更深

進入、更深進入這個巨大空間……遠遠下去，超越任何絲毫物理世界的意識；你發現自己漂流在空間，一個在這空間沒有它身體的心智……更深漂下，更深、更深進入空間；在這空間你是誰？你在物理世界內叫作（對象的名字）嗎？你住在（對象的地址）嗎？上（對象的教堂／廟宇）嗎？現在，經驗一下，在這超越物理世界的巨大空間你如何感覺，就是你現在在其中所經驗的自己……注意你與這巨大空間合而為一，所有你思想自己的這些事情，突然間，完全沒有意義了……因為你現在是一個漂流在空間的自由心智，你不是你所想你是的那些事情，但是，你還是你。」

「有如一個自由心智，你更深漂入，更深進入這個巨大空間，進入你經驗自己漂流之處——你漂入這個巨大空間的正中心；你對著自己漂入。」

「你漂入，下到你自己……更深更深進入你自己的巨大空間，你看自己在你前面，你問一個問題：『這怎麼可能？……因為我在此在空間漂入我自己？』突然間，你體會你的真是——你是你『本我』的心智，你帶著偉大歡樂體會和認知這個事實，終於知道你真是什麼——在這巨大空間內，那個你在面前看到的『本我』，才是實際的你，而那個你以前想是『本我』的，只是『本我』所使用的心智；這個內視如星辰爆發來到你……突然間，你感覺全然至福、全然祥和、全然快樂……你發現自己直接掉入你那個『存在』的中心，就是你的『本我』，你繼續下去，下去，進

入你的『本我』，你出來如一個『存在』；如此做，你經驗到全然至福，因為現在你到家了，現在，你知道你真是什麼，你想要什麼，也知道和宇宙的關係你該如何做了；現在，你知道你真是什麼——你是這『本我』的心智，透過這個『本我』——就是你——表明。」

「現在，即使這體會開始融化和褪色，隨著你融化入你自己……你不再經驗一個分離的你自己，如心智和你自己各自分開……因為兩者已經合而為一，每一個都是另一個的一部分；現在，你知道『存在』，隨著這種你『存在』的經驗，你也經驗到你的『獨一性』關係，被擴展包含了所有在宇宙內萬物的『獨一性』……突然間，你知道你是那整體的一部分，因為是整體的一部分，你就是整體。」

「你現在有『本我』的經驗，完全地改變你當下生活在物理世界的關係；那當然包含你的身體；它給你控制你的身體，甚至你從未曾想像過你可擁有的——因為現在，你以心智和以『本我』如一個團隊，以完全的『獨一性』一起運作，『本我』分攤在物理世界內完美的控制心智表現，而現在心智在『本我』完美控制下，能帶來你完美的身體，如你所望；以這種你現在擁有的控制，你能使自己達成任何你所希望的；你能治癒你的身體、你能保持你的身體完美健康、你能重塑它的習慣、你能使你身體做你從未夢過能做的，你能掌控所有關於你的事物，達成任何你希

望達成的，因為一旦發現了你的『本我』，你能使用心智與『本我』，以至於把心智適當地當作被『本我』使用的工具，你建立了『本我』為心智的控制器，你變成了『本我』的主人。」

「現在，你發現你真的是誰了，你能使所有的擔心和憂慮永久消失，如你希望；你現在完全控制你自己，你有力量使你成為完全是你自己所希望要的人──身體和心理；從此時開始，你總是從你的『存在中心』控制自己……你使你成為自己所要的完美那個人，它是你所應該要的。」

「這個你現在知道的真理，會一直和你在一起；每次你呼吸入你的身體，自動強化這個真理，你知道自己完美控制你的健康和福祉；現在，我帶你回到當下，歡樂地回到物理世界，帶著知道至福，如火焰更加燃燒在你裡面。」

「慢慢地開始回到當下，我要慢慢地從 1 算到 5，當我算到 5 的時候，你立即再回到當下的物理空間內，感覺美妙很棒很好，帶著一種你自己現在自我體會的快樂──一種基本的快樂，不只因為給你自己的『存在』的火焰燃燒，而且輻射到各處……1，2……回來，現在……3……回到當下……4，5……睜開眼睛，你已經從進到空間的旅程回來了，現在和我一起在當下，你感覺很好。」

36 指壓催眠法

　　以古代中國人的針灸藝術為基礎——指壓催眠（Hypnotic Acupressure），它透過使用壓力直接在身體穴道中心來運作，這些中心是神經敏感之處，當被壓的時候，自動地引發注意力，和催眠師的建議並用，就會產生影響讓身體深沈放鬆，導致直接反應催眠睡覺；你可以感覺到這些穴道區域，是身體小凹陷的地方，你可把手指尖插入並維持壓力，有些區域非常敏感，受到壓力將產生輕微疼痛痠麻感覺，這些過程是有益的——因此，當你如此做的時候，穩定和深深地壓入；施用本法的時候，催眠對象可以坐著或躺在床上，我們建議躺著。

　　先把你的注意力集中起來，現在，照著以下的步驟執行。

　　請個案脫掉多餘的衣服和鞋子，然後舒服地斜躺著，手放在身邊休息，雙腳稍微分開，讓客戶絕對地舒服；對客戶解釋在本催眠方法中，你會在他身體諸多穴道施用壓力，這是科學性的指壓；這些過程會使他自動放鬆，他會沈迷入睡，告訴他，只要讓他自己放開，什麼都不要去想！

　　請個案閉上眼睛，做三次深沈呼吸，然後碰他頂頭中央，指導他把眼皮下的眼睛往上捲動，好像看著他的額頭，告訴他繼續看著額頭，就好像你在眼皮固定法的建議，在此位置，個案會發現不可能睜開眼

睛；做完這個之後，告訴他把眼睛放鬆，現在往下看，在你刺激他身體穴道中心的時候，飄移進入睡覺；從他的雙腳開始，往他的頭部進行——每一個壓力點都把他帶到更深、更深的催眠。

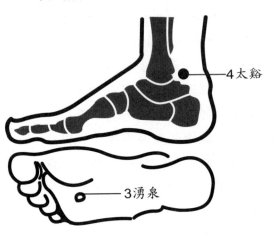

湧泉穴（腎經）：在足底中央，由足第二趾到足跟畫一直線，在此線前三分之一處，即為本穴位置；深沈壓入五秒鐘，同時建議客戶，他將注意到在本穴的壓力，使他的腳很放鬆——會感覺麻痺或稍微痛；右腳同樣做。

太谿穴（腎經）：在內踝後五分（半寸），跟骨上動脈凹陷中，即為本穴位置；深沈壓入五秒鐘；繼續建議，壓力使他的雙腳非常放鬆；右腳同樣做。

三陰交（脾經）：本穴在內踝骨上端三寸之處，壓入後脛骨頭內部後面邊緣五秒鐘，建議雙腳無知覺和放鬆的經驗，現在開始上升到他的小腿；右腳同樣做。

丘墟穴（膽經）：找出左腳外側左踝骨突出處之下的點，壓入五秒鐘；繼續建議雙腳放鬆；右腳同樣做。

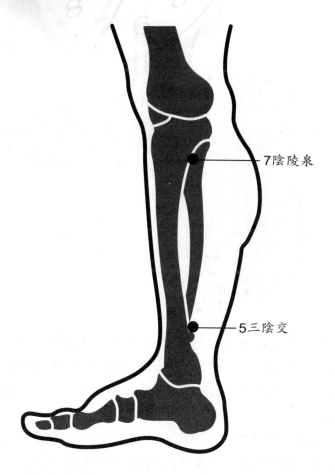

陰陵泉（脾經）：找出左腳剛好在膝蓋之下的點，
亦即在膝下內輔骨下陷中；壓入小腿肌肉頂端，這是
一個柔嫩點，建議小腿放輕鬆和麻痹；右腳同樣做；
建議兩隻小腿和雙腳，現在完全地放輕鬆，現在，當
進一步施用指壓，放鬆使睡覺往上移動到他的身體。

關元穴（任脈），又稱丹田：找出身體前面介於

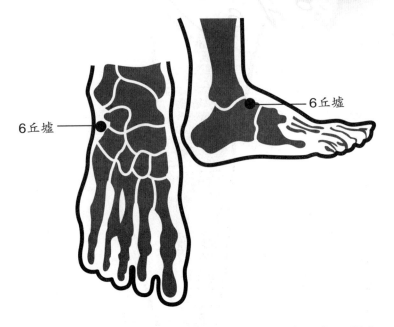

6丘墟

6丘墟

陰毛和肚臍中間的點，也就是肚臍下三寸之處；穩定
地壓入；建議：「只要放開自己，現在，漂進愉快的
睡覺中，當壓力在穴道上，繼續往身體上方去」；其
間放鬆。

　　氣海穴（任脈）：本穴位於肚臍下一‧五寸；穩
定壓入；建議更進一步地放鬆全身，進入更深沈的催
眠睡眠。

　　中脘穴（任脈）：本穴在肚臍上方四寸；找出身
體前面剛好在胸部骨頭之下的點；穩定地壓入，建
議：「完全地放開你自己，現在，只要漂入睡覺」。

　　膻中穴（任脈）：本穴剛好在兩個乳頭的正中央；
壓入胸部骨頭的中心；穩定地壓入，建議：「睡覺，

現在，深深地睡覺」。

肩髃穴（大腸經）：在肩頭下凹陷中，舉臂有空陷處；一起使用兩隻大拇指執行壓力，要點位於肩膀骨頭終端凹陷處──就是手臂和肩膀相接之處；繼續建議：「當你感覺到壓力，就睡覺、深沈睡覺、漂開進入睡覺。當你漂進睡覺，壓力就消失了，深沈呼吸，睡覺」；其間放鬆。

11膻中

10中脘

9氣海
8關元

曲澤穴（心包經）：找出右手肘內部凹洞的點（叫作快樂活著點），彎曲手肘把大拇指尖端放置在凹洞，然後拉直手臂壓入；要壓在放輕鬆的肌肉，建議：「睡覺，深沈睡覺」；左手肘同樣做。

曲池穴（大腸經）：在屈肘橫紋頭處外側；壓入，建議：「你的手臂麻痺了，你進入睡覺、睡覺、深沈

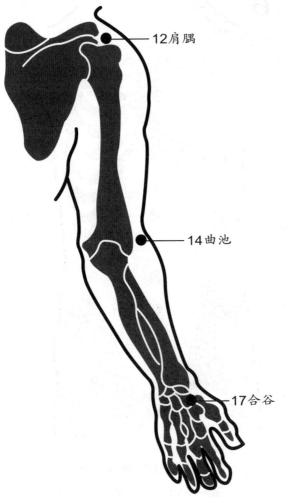

12肩髃

14曲池

17合谷

睡覺」；左臂同樣做；其間放鬆。

外關穴（三焦經）：在外側手腕上橫紋陷中下兩寸兩筋間；本穴和下面的內關穴一起使用，用大拇指與食指從兩邊同時壓入；建議：「睡覺、去睡覺、深沈睡覺」；這兩個穴道同時壓，效果更佳，但也可只用外關穴；左手同樣做；其間放鬆。

內關穴（心包絡）：在內側手腕橫紋之陷下兩寸；本穴道的應用，應該和上面穴道合用。

合谷穴（大腸經）：在第一掌骨與第二掌骨中間之凹陷處縫隙中，即俗稱的虎口；深深地壓入，建

議：「睡覺、深沈睡
覺」；放鬆壓力，再
度深深地壓入，並建
議：「睡覺、深沈睡
覺」；在這點連續五
次執行這種放鬆和壓
力；壓這個穴道，會
有痠痛的感覺；左手
同樣做；其間放鬆。
注意：孕婦禁用。

　　神門穴（心經）：
在內側掌後銳骨（豌
豆骨）之端凹陷處；
深深地壓，建議：
「睡覺，深沈睡覺，
現在，深深地呼吸，
進入深沈睡覺」；觀
察客戶對這些建議的呼吸反應，
若他的呼吸加深，那就是確定入
神了；其間放鬆。

　　肩井穴（膽經）：在肩上中之
凹陷處；雙手大拇指一起深深地
壓，建議：「現在，熟睡，現在，
深沈熟睡，現在，深沈進入催眠
睡覺」。本步驟和第六步驟相互呼

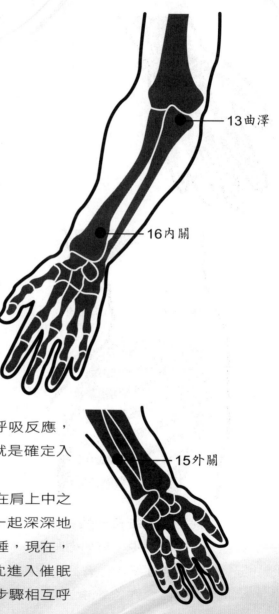

13曲澤

16內關

15外關

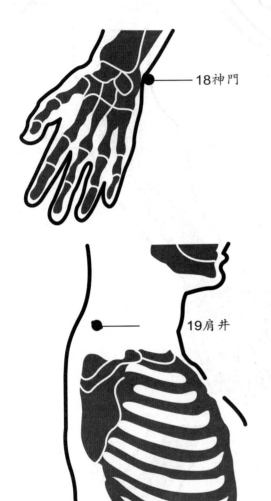

18神門

19肩井

應；其間放鬆，留一點時間讓建議發生效果。注意：孕婦禁用。

人中穴（督脈）：在鼻子下溝之上段三分之一處；這是起死回生之穴，用於急救，喚醒昏迷者；壓此穴道，建議：「現在，深沈在催眠中，現在，深沈在催眠睡覺中」；其間放鬆。

印堂穴（經外奇穴）：兩眉之正中央凹陷處（俗稱第三隻眼部位）；順著本穴深入，與百會（下述）垂直線之交會點，就是腦內松果體之處；因為頭殼骨頭結構無法大力壓這點，在這點用表面壓力就夠了，維持一個穩定的壓力，你建議：「你現在深沈在催眠中，有如你睡覺，你的潛意識心智大開，來接收現在要給你有益的建議」；其間放鬆。

百會穴（督脈）：在頭頂正中央；此處有帽狀腱

膜，後頸神經；以穩
定地壓力繼續壓頂
頭，建議：「現在，
深深地睡覺，完全不
受干擾，但你的潛意
識心智完全清醒，並
接受現在我給你有益
的建議，這些建議完
全都是你所要的，你
在各方面都會得到益
處，它們將變成你自

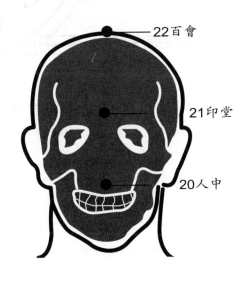

22百會
21印堂
20人中

己的」；放鬆一會兒，從頭頂放開壓力，然後再度壓
入這個指壓點，開始給客戶所要求的正面建議公式。

重複建議公式三次，然後建議：

「這些建議深沈進入你的潛意識，並且變成你習
慣性的健康行為，當它們在你的潛意識變成事實之
後，你將自動地從催眠中起來，感覺美妙很好，知道
你已經很成功地完成了你所想要的。」

在催眠中容許個案繼續睡下去，讓他們自己的潛
意識決定，何時才要從入神中清醒過來；從各方面來
說，指壓催眠都有益於你的客戶。

這是一個最高明的催眠方法，當指壓在穴道中
心，自動地產生放鬆並促使睡覺反應；因此，這個方
法並用一個生理因素和心理建議，它所產生的顯著催
眠深度，幾乎無法抗拒。

37 我動雙重法

　　偶爾催眠師會碰到有一些對象，稱為智慧型情緒性聽話度（interlectual emotional suggestibility）的被催眠者，事實上，這種對象的比例在台灣比美國還要多一些（文化環境使然吧？），這種對象對於每件事情，都要有個好的理由，他的腦子不停地分析周遭的每一件事情，他聽進去的每一句話，心裡都會問為什麼，這種對象的主控性很強（已經變成個性上的習慣了），他最怕的是失去主控性，因此，很不容易被催眠。

　　如果對於這類的對象採取一般的催眠引導法，往往沒有很大的效果，也只能把他帶進相當淺的催眠狀態中，因此，催眠師要利用他的個性，讓他以為是他自己完全主控，是他自己在催眠自己，這種催眠引導最有效的方法，就是自動雙重法（auto dual），也就是要求對象跟著我說（repeat after me），催眠師講一句，要他也跟著小聲或默默地念一句，如此一來，他會以為是他自己完全掌控著整個情況，他並沒有失去（他最害怕失去的）主控權；標準的引導可以是以上介紹任何或所有的方法，只是要求他跟著重複說一遍，因此稱為自動雙重法。

　　但是，從我們的經驗中發現，本法有一個很好的改進，可以更有效地把這些最困難的對象帶進催眠中，這種方法稱為我動雙重法（I-auto dual），甚至

可以對他說，是在教他自我催眠（適用於想學自我催眠的對象）；它和標準的自動雙重法，只有一個關鍵詞的不同——把所有用詞內的「你」改成「我」，因此叫作我動雙重法；在標準的自動雙重法當中，催眠師往往沒有注意，脫口而出，如：「當我（催眠師）算到 3 的時候，你（對象）（怎樣怎樣）」的指令，對於這種對象來說，還是有個外人存在，他還是無法完全放開，他腦子裡面還是會有怕把主控權失去給催眠師的疑慮，因此，本修正方法一律不使用「你」這個字眼，催眠師完全以對象（「我」）的角度來做所有的引導，上述那句引導詞也就改成：「當我（對象）算到 3 的時候，我（對象）（怎樣怎樣）」，如此一來，對象的主控權完全沒有受到威脅，而覺得是他自己在催眠自己，當然比較願意進入催眠狀態；雖然，這只是一字之差，效果卻相當明顯，特別提出來——這是我們領先國際水準的一個重要發現。

四、團體催眠

38 練習對象法

　　在學習催眠初期的練習對象，你的家人可能不是最好的練習對象，因為他們對你太熟悉，心裡往往有一種很有趣的認定認知，反而不容易成功；反而是一起學習催眠的同學，會是更好練習的對象，因為大家都有同樣的意願和動機，想把催眠學好。

　　作為一個初階的催眠師，你需要有人來給你練習，用一點點外交手法，你可以容易地取得願意的催眠對象，為了這個目的，邀請一些意氣相投有興趣於心理學的朋友到你家，你和大家先討論心理學，而不必特別提到催眠，然後把話題轉到放輕鬆、從身體除去緊張的價值，你可以提到有些人認為他們知道如何放鬆，可是實際上真的不知道如何做，你提議一個大

家都能試著做的測試：

要團體內的每一個人舒服坐著，注意你建議的實驗：每個人提起左臂，直角彎曲在胸前，然後伸出右手食指，直接放在左掌之下頂著手掌，在這個姿勢，伸出來的右手指，支撐著整個左手和手臂的重量。

現在，告訴大家完全地放鬆他們的左手和手臂——伸出來的右手手指是唯一支撐手臂的，參與者因此需要放鬆左臂，同時，集中注意力於延伸出來的右手食指，保持著左手不掉下來（在此你產生了一種情況，要求同時集中注意和放鬆———一個很類似於引導催眠所需要的條件）。

現在告訴大家，在此放鬆測試，每個人要確定完全地放輕鬆他們的左手和手臂，在算到 3 的時候，他們要很快地抽回支撐左手的右食指。

然後，你慢慢地算「1、2、3」；發生了什麼？

若做實驗的志願者，真正有如你所指導的放輕鬆，從右手下抽回支撐的那刻，左手臂會自然鬆軟地掉到懷裡，這是所期望的結果，但有時候，某些人的左臂，在支撐的右手指拿開之後，還保持原位；當此發生，解釋給大家聽，有的人想他們已經放鬆了，其實不然，再重複實驗，在第二次的練習中，大部分人就學會完全放鬆。

39 擺錘實驗法

給每個人一個擺錘（任何簡單有重量的東西，綁在一條線上），叫他們以右手拿著線頂，東西垂著，手臂完全伸出來，告訴他們去想它靜止不動，它就會靜止不動，現在，告訴他們去想它來回搖擺——只要想就好了，不要做任何意識肌肉的努力來移動它，它就會開始來回擺動；接下來告訴他們去想，擺錘開始打圈圈搖擺，它就會如此回應；這個擺錘測試的反應，讓你知道在此團體中，誰對建議更有反應性。

40 第一個清醒催眠測試——往後倒法

找個願意的催眠對象來做實驗，照下面的順序說出來：「1-2-3，瞭解！預備！你準備好了！預備、注意、開始……」

要他站起來，面對著牆壁，雙腳靠在一起，手臂貼著身體旁邊，手臂在身邊，雙手完全打開，整個身體放鬆，自然地站直，摸摸檢查他身體的肌肉沒有任何僵硬——身體放輕鬆；站在他的後面，用你的手往後拉他的肩膀，如果他有照你所要求的去做，你能感覺出來，若他容易被拉動，他就有聽你的；若他抗拒，他不遵照你的指令去做，在此狀況下，對他解釋，若他要這個清醒催眠實驗成功，他一定要正直站立卻放鬆他的肌肉。

當他正確做到之後對他說：「現在，想你的身體開始往後擺動──你往後倒下去，不要想別的，你很快會感覺到好像有什麼力量拉你，使你往後倒下去，但不要害怕，我就站在你後面扶著，你倒下來時，我會扶著你，當你感覺到要倒的衝動時，不要抗拒它，只要放開自己。」

然後要他抬起頭來，告訴他把眼睛閉上，現在，站在催眠對象的背面，在他後面大約一公尺，只要你的手能容易從頭後面摸到他的太陽穴就可以了……把他的頭稍微對著你往後扳，把你的手指尖放在他頭後腦勺，腦子底部（脖子頂端），然後繼續移動你的手，從脊椎往臀部摸過去，一直到脊椎尾端，這叫作接觸通過（ contact pass ），這個動作要輕輕地做，只要使用足夠的壓力而不會使催眠對象失去平衡；沿著脊椎做三次接觸通過。

然後把雙手回到他們頭每邊的太陽穴，用口頭建議：

「當……我……從……你……抽回……我的……手……你……將……慢慢地……往後……倒下來。」

重複這些建議，一直到他往後倒進你等待中的手臂中，安全地抓住他，立即恢復他正直站立。

要確定在這整個過程中，都要集中你的心智在一個觀念：他會往後倒，使用你的意志力，你越是確實相信你能使他往後倒，你就會更快得到結果。

在你學習如何執行這個實驗過程中，依序研讀每

一個步驟，好讓你完全知道要如何以 1-2-3 的順序來
說和來做，好好地把這個功課學好，熟練每個動作和
用字，讓你能完全有自信運作絕對沒有問題，要確定
慢慢地從他頭後面抽回你的手指，並慢慢給他正確地
倒下來的建議；學習如何完美的執行這個測試非常重
要，因為它設定了在清醒狀態下有效影響催眠對象的
格式，這將會是在接下來你學習各種如何做清醒催眠
中要用到的格式。

　　若催眠對象在往後倒下之後，感覺一點點頭昏，
靠近他的耳朵彈你的手指，並說：「很好……你沒事，
很好。」

41 第二個清醒催眠測試——往前倒法

　　當你成功地完成第一個測試之後，你準備好來做
第二個測試。

　　在此實驗，你使催眠對象往前倒，和第一個測試
完全相反，過程很類似於第一個測試，但在此情況，
你使用眼睛。

　　讓催眠對象面對著你站著，他的眼睛該在他影子
之內面對著你，你的眼睛面對著他，對著光源，告訴
他放鬆他的肌肉，看著你的眼睛。

　　要他除了往前倒之外，別的什麼也不要想，瞪著
他的眼睛，把你的凝視集中在他的鼻根上——在他的
眼睛的中央點，保持一個清醒、誠心的態度，並要求

催眠對象同樣做，對他說：「看……著……我……完全……集中……你的……注意力……在……我的……眼睛」；正面地對他說，命令他，告訴他你要他做什麼。

然後，把你的手放在他的太陽穴，每邊一隻手，穩定地看著他眼睛，大約十五秒鐘，同時在你的心智想著他向著你倒下來，然後慢慢地說：「當我……把……手……從……你……移開……你……將……慢慢地……往前……倒下來。」

當你給這些建議的時候，從他的太陽穴慢慢地往前抽回你的手，輕輕地溫和地移動你的手，繼續說：「你……往前……倒下……倒下……倒下來。你……不能……停止……倒下來。不……要……害怕。當……你……倒下來……我……會……抓住……你。」

一再重複這些建議，一直到他往前倒進你的手臂；重複建議發揮出混合力量的效果；當你撤回你手的時候，把你自己的身體稍微往下抽，當他倒下來，穩定地抓住他。

42 第三個清醒催眠測試——手臂僵硬法

在成功地執行前面兩個清醒催眠的實驗之後，你準備好來做這個實驗了；在此，主要測試你使用眼

睛、建議和通過的組合過程。

　　要催眠對象站在你前面，拿著他的右臂，拉出來和他的肩膀等高，告訴他握個拳頭，緊繃他整個手臂，現在你的左手抓著他的拳頭，調整到與肩膀同樣高度。

　　現在，瞪著他的眼睛，或兩眼中間，用你的右手，開始從左肩膀到拳頭處做接觸通過，用一種輕輕撫摸的動作，做三次通過，在你做通過的時候，向催眠對象說：

　　「想……像……你的……手臂……僵硬……伸直……你……不能……彎……它。看……著……我……瞪著……我……的……眼睛……不……要……眨眼。當……我……算到……3，……你……會……發現……你的……手臂……變成……很僵直……更……僵硬……你……不能……彎它……不……管……你……多麼……努力……去試。它……變得……非常……僵硬……好像……一根……鐵棒……你……越……試著……要……彎……它它就……變得……更僵硬。現在……當……我……算到……3……你……不能……彎……你的……手臂……不……管……你……有多麼……努力……去試。1……2……3！……嘗試……努力試……你的手臂……僵直了……更僵硬……更直。你……不能……彎……它。嘗試……努力試！……你……不能……彎……你的……手臂。」

在催眠對象嘗試彎曲他的手臂，並發現他不能做到之後，對他說：「現在，所有的影響不見了，你可以彎你的手臂；催眠的影響不見了！」

在執行這個測試的時候，以正面和命令的語調説話，用上升的語調算數目：1，2，和強調3，作為一個正面指令，在你説3的時刻，用你的右食指以有力的方式指著他，把建議種進去。

43 第四個清醒催眠測試——鎖手法

這是有名的法國心理學家——愛莫立·庫在他所有的演講中示範，並在他的診所用來測試客戶對自動建議有反應的方法。

這個測試，讓催眠對象站在你前面，集中看著你的眼睛，要他把他的手放在一起，手掌交錯和手指互鎖，並要他伸直雙手並繃緊，然後建議：

「緊壓……你的……手……緊緊地……壓在一起……想……像……你……不能……拉……開……它們。它們……已經……鎖著了……非常地……緊緊……在一起……你……不能……拉……開……它們……不論……你……如何……努力……去試。努力去試……你的……手……已經……黏住了……非常非常……緊緊地……鎖在一起……你……不能……拉……開……它們……不……管……你……有多麼……努力……去試……拉……拉。試著去拉……

試著去拉……試著去拉。你……不能……打開……你的……手……盡……你……所……能。你的……手……已經……鎖在……一起了。你……不能……把……你的……手……分開。」

　　若你的催眠對象誠心專注你的建議，他的手就會穩定地鎖在一起，即使他掙扎，也無法拉開他鎖上的手。

　　在催眠對象無效地嘗試放開他的手之後，在他耳邊彈你的手指並說：「很好……現在……這個……影響……完全……不見了……現在……放鬆……你……現在……能……把……你的……手……分開了。」

♠♠ 第五個清醒催眠測試──腳僵硬法

　　要催眠對象把他所有的重量都放在右腳上，右腳要往前，好像走路，令它僵直，告訴他要想，他不能彎腳，用你的手抓住他的右手，要他集中注意力在你的眼睛，告訴他隨時都跟著你的眼睛，你建議：

　　「當……我……彎……下……跟著……我的……眼睛……讓……你的……腳……變成……僵直……以至於……你……不能……彎……它。」

　　當你彎下在他的腳做幾次通過，要他的眼睛瞪著你的眼睛，你的手大約從膝蓋上方十五公分開始，稍微壓著膝關節，在做這些接觸通過的時候，繼續建議：

「現在……你……會……發現……你的……腳……變得……僵直了……更僵硬……更僵硬……更直……你……不能……彎它……不……論……你……多麼……努力……去試。膝蓋……關節……已經非常……非常……僵直……你……不能……彎……它。想要……彎……你的……腳……是……不可能的……它……很……僵硬……僵直……僵硬。你……不可能……彎……你的……腳……因為……它很……僵直……僵硬……僵直！試著……來……彎……它。你……不能……做……到。試著……努力去試。」

當你說最後的建議的時候，慢慢地站起來，還要他凝視瞪著你的眼睛，把他對著你拉過來，促使他用僵直的腿行走。

要他行走，他會用僵直的腿行走，在他以僵直腳走十多步之後，大力地拍手，來消除影響，並說：「很好……現在……都……完全……好了……現在。你……可……自由……活動；1，2，3，你……現在……能……彎……你的……腳了。」

45 無法坐下法

若想不讓某人坐下，要他站在一張椅子前面，除了要催眠對象把雙腳靠在一起之外，用上述的方法，僵硬伸直他的兩隻小腿，然後告訴他在你算到 3 之

後，他無法坐下來，算到 3，用你的手指指著他；用
上面描述過的同樣過程放開他。

46 無法站起來法

要催眠對象坐在椅子上，他的手放在他的大腿
上，他的雙腳平貼著地板，現在瞪著他的眼睛或鼻
根，要他想像不能站起來；你的眼睛要穩定地瞪著
他，並說：

「當……我……算到……3……你……會……發
現……你……不能從……椅子……站……起來……
你……越……想……要……站……起來……越是……
不可能……你……已經……黏在……椅子上。1……
2……3！試著……站起來……不可能……你……
無法……站……起來……努力……嘗試……盡……
你……所能。」

在他瘋狂地努力要站起來之後，彈你的手指，並
說：「很好！現在……你……能……站……起來。」

47 眼睛跟著走法

站在催眠對象前面，舉起你任何一隻手的食指，
大約在他的眼睛前面十公分，並對他說：

「看……著……我的……手指……集中……注
意……我的……手指……當……我……算到……

3……你……就會……跟著……我的……手指……不論……它……到何處……你……不能……看……別的地方。跟著……我的……手指。」現在到處走走,他將遵命地跟著你的手指走;用上述的方法放開他。

48 無法越矩法

地板上放一根棍子在催眠對象前面,告訴他想像他不能跳過它,瞪著他的鼻根,然後照以上所述的方法,僵硬伸直他的小腿,並對他說,當你算到3的時候,他不能跳過棍子,你的手指著他,並正面地說:「你……不能……跳過……它!試著……跳跳……看」;以同樣的方法結束測試。

49 說不出名字法

站在催眠對象前面,瞪著他的眼睛大約十秒鐘,把你的右手放在他的喉嚨上,要他想像不能説出他的名字,繼續凝視瞪著他,然後說:

「當……我……算到……3……你……就……無法……説出……你……自己的……名字。你的……舌頭……打結了。你……不可能……説出……你……自己的……名字。1……2……3!你……不能……説……出來!」

有些催眠對象會移動他們的下顎而沒有發出聲

音；有的會瘋狂地努力試著説；用普通的方法結束實
驗。

5❹ 眼皮黏住法

讓催眠對象坐下來，瞪著他的眼睛十或十五秒
鐘，然後要他閉上眼睛，當他如此做，用你的大拇指
輕輕地壓在眼皮上，做一次或二次接觸通過，從眼睛
旁邊開始往鼻子，並對他説：

「當……我……算到……3……你的……眼皮……
將……就會……黏得……非常的……緊……黏住
了……黏住了……你……不能……睜開……眼睛……
若……你……試著……去……睜開……眼睛……更
緊……它們……已經……黏住了。(重複)1……2……
3！你……無法……睜開……你的……眼睛……努
力……去試……盡力……你……無法……睜開。」

若做得好，無可避免地催眠對象就不能睜開他的
眼睛，在有一些情況下，眼皮也不會動，不管多努力
掙扎，他就是無法睜開眼睛，這是一個有效的測試。

51 多種上述引導法變招

清醒催眠有很多種你能有效地執行的實驗方式，
諸如這些：

51.1 掃把掉不下來──給他一把掃把，但是卻

放不下來。

51.2　不能撿起棍子來──無法撿起地上擺放的棍子。

51.3　不能閉上嘴巴──叫他閉不起來張開的嘴巴。

51.4　記不得名字──叫他記得別人的名字，卻記不得自己的名字。

51.5　不能回頭走──即使碰到牆壁，也無法轉身回頭走。

51.6　手無法從懷裡抽出來──無法從懷（口袋）裡把手抽出來。

51.7　手合不上來──雙手無法合起來。

51.8　手臂掉不下來──懸在空中的手無法放下。

……（你的想像力是唯一的限制。）

52 打圈法

選擇一些你曾經成功做過前面測試的催眠對象，讓他們坐成半圓形，坐在沒有靠手的直椅，站在這個團體大約二公尺前面，從一個接著另一個慢慢地看著每一個人，告訴他們瞪著你的眼睛，然後往前看，好像你直接看著他們每一個人，現在對他們說：「舉起……你的……手……來……旋轉……打圈……旋轉……一圈……又一圈。動作……再……快……更快……更快……更快。看……著……我。」

　　在你給這些指令的時候，你自己的手也開始來回打圈，一面繼續你的建議，一面轉得更快。

　　「旋轉……你的……手……打圈……再……打圈……再……打圈……更快……再……更快……在……我……算到……3……你……會……發現……你……不能……停止……來回……你的……手……不停地……打圈……你……越……試著……想……停止……它就……更快……你的……手……轉得……更快……更快。1……2……3。你……不能……停止……你……可……試著……停止……卻不能。試著……去！試著……去！」

　　在團體順利地旋轉他們的手之後，個別到每一個催眠對象前，接近他的耳朵擊掌，並說，「很好。你……可以……停止了……現在。放鬆……下來……讓……你的……手……掉進……你的……懷裡。」

　　在執行這些和所有其他團體測試實驗的時候，總是要叫催眠對象坐直在椅子上，雙腳平貼地板，手放在大腿上，雙腳和雙手要分開，不可以交叉。

53 打圈法變招

　　以同樣的方式，你可以叫團體：

53.1　不停地拍打大腿。

53.2　在空中亂揮手。

……（*多用你的想像力。*）

54 碰不到指尖法

另一個有效的團體清醒催眠實驗是，告訴催眠對象舉起他們的手，手掌對著胸部，除了每隻手的食指之外，把所有手指向內彎曲，令他們碰觸雙手兩隻食指的指尖，當他們如此做了之後，要他們把手指尖分開大約十公分，保持在那位置；現在建議：

「看……著……我……瞪著……我的……眼睛……當……我……算到……3……你……會……發現……你……不能……讓……你的……手指尖……碰到……不……管……多麼……努力……你……去試……你……越……去試……要……它們……碰觸……在一起……它們……越……是……碰不上。試著……試著……努力……你……越……試……越……是……碰不上。」

催眠對象會以每一種可能想像的方式，試著讓他們的手指相碰，但不會成功；結束本測試，說：「很好……停止……試……現在……測試……已經……結束了。把……你的……手……放在……你的……懷裡。」

55 團體催眠——銅板法

要催眠對象坐成半圓，要每人拿著一個明亮的銅板，告訴他們一直瞪著光亮的銅板，不能片刻稍離，

然後站到一邊，幾分鐘後說：

「當……你……凝視……著……這個……光亮的……銅板……你的……眼睛……感覺到……越來越……沈重……你……不能……保持……眼睛……打開……再也……無法……無法……睜開……閉上……眼睛……現在……而且……你……開始……感覺……非常……昏沈……和……愛睏……很想……去……睡覺……現在……」等等。

　　不停地給予睡覺公式，一直到他們全部進入催眠睡覺。

56 團體催眠──看著我眼睛法

　　要催眠對象坐成半圓，站在他們前面的中心；現在說：

「看著……我……的……眼睛……同時……想……去……睡覺」（從一個看過另一個，然後正視前方，這看起來每一個都會以為你在看著他）。「現在……閉上……你的……眼睛……當……我……算……到……10……你……發現……你的……頭……越來……越……沈重……而……你……會……進入……深沈……睡覺。1……2……3……4……5……6……7……8……9……10。深沈……睡覺……深沈……睡覺……愛睏……昏沈……深沈……睡覺。你的……頭……感覺……非常……沈重……你……再

也……無法……頂著……它們。你……非常……深沈……睡覺。」

繼續這些建議，一直到團體內所有人頭全部點到胸部，輪流到每一個人，把你的手放在他的頭頂，並說：「睡覺！」你已經催眠了整個團體，有些人甚至會倒進椅子。

57 團體催眠——旋轉鏡法

在此方法使用機械性旋轉鏡子的配備，把它放在坐成半圓團體的中央，開始轉動它，告訴他們一直瞪著它，不可把眼光移開片刻，幾分鐘後，給閉上眼睛的建議；然後，接著用睡覺公式，在他們入神之後，拿掉鏡子，繼續以下的加深或建議。

58 團體催眠——呼吸加深法

催眠了團體之後，所有的頭都往前靠在胸部，你能用這些方法加深催眠睡覺：

「呼吸……進來……深深地……現在。吸氣（暫停）……吐氣（暫停）……呼吸……進來……深沈……並……自由地……你……所做的……每一個……呼吸……將……使……你……進……入……更深……再……更深……進入……催眠。深沈……深沈……進入……睡覺。深沈……睡覺。」

輪流到每一個催眠對象面前，舉起他們的右手，你說：

「當……我……放開……你的……手……它……將……直接……掉到……你的……懷裡……當……它……掉……進……你的……懷裡……你……將……進入……深沈……睡覺……進入……深沈……催眠。」

輪流到每一個催眠對象面前，抓著大拇指舉起他們的手，讓他們的手從大拇指垂著一會兒，然後放開大拇指，好讓他們的手掉進懷裡，當它打到懷裡的剎那，強力地說：「睡覺！你進入深沈睡覺！」

59 團體催眠——轉頭加深法

另一個加深催眠方法是，輪流到每一個催眠對象面前，開始來回轉動他們的頭打圈圈，你說：

「你的……頭……每轉……一圈……送……你……進入……更深……再……更深……進入……催眠……睡覺。深沈……睡覺。你……進入……了……深沈的……催眠。」

五、常用催眠引導

60 催眠睡覺法

催眠睡覺（Hypnotic Sleep）是催眠的入神狀態，它就是很多人們認為真正被催眠的狀態，外觀上，在此催眠狀態中，對象看起來像睡覺，可是，事實他的內部心智活動並非如一般睡覺，而是非常清醒；在催眠睡覺之內，很集中於催眠師所引導的某個點或物件上；催眠睡覺帶你進入更深層次的催眠，其特性為高度聽話度；在嘗試把某催眠對象帶入催眠睡覺之前，首先要能完全掌控清醒催眠，那才算是準備好了；在催眠中把對象帶入催眠睡覺，需要平順的處理，要非常清楚你所做的，在每一個動作上顯示自信，自信產生自信。

盡可能在一個安靜的地方進行你的第一個實驗，

把催眠對象帶入睡覺，找個私人房間不受干擾，對催眠對象解釋，這個經驗會使他放鬆和愛睏，很像飄移進入愉快的小睡；在引導催眠狀態之前，總要取得催眠對象的同意，現在你準備好了……

要催眠對象坐在椅子上，最好是個直背椅子，任何進入房間的光線，應該來自在催眠對象的後面，對著你；要他的雙腳平貼地板，手放在大腿上，告訴他讓自己舒服並放鬆肌肉，然後要他拿一枝鉛筆或其他東西，無所謂什麼東西；為了使這個功課更清楚，我們用一枝有光亮尖端的鉛筆，站在他右前邊面對他，現在，拿著鉛筆大約在他眼睛上方十五公分處，足夠的高度，以至於他必須睜大眼睛往上看著鉛筆光亮的尖端，當他瞪著面前的鉛筆尖端，這個尖端要在他雙眼之間，好讓他的眼睛瞳孔盡可能收聚在一點，從某角度來說，他將以交叉眼來看；若你看著你自己鼻子的尖端，你就知道這是什麼意思，它很快會讓眼睛疲乏。

告訴他用雙眼瞪著鉛筆光亮的尖端，告訴他要集中視覺在那個尖端，不要看任何其他東西，一直到他眼睛非常累，再也無法睜開眼睛，你一面拿著鉛筆，還一面同時凝視在他的鼻根，集中你的心智在他會睡覺的觀念上，告訴他很想睡覺，但不可閉上眼睛，要一直等到他真的無法再睜開眼睛，很快地，當他凝視，就會開始眨眼和有淚水，很快地，他就會閉上眼睛，一旦你注意到他眨眼，你可給予以下的建議，來

幫他閉上眼睛：

「你的……眼皮……越來……越……沈重……開始……眨眼。你……再……也……無法……睜開……你的……眼睛。你的……眼睛……有……淚水。眼睛……很……累了……眼睛……感覺……沈重……眼睛……正在……閉上……現在……你……很……想睡覺……愛睏。非常……非常……愛睏。當……我……算……到……10，……你的……眼睛……就……閉上……你……就……進入……睡覺……很快……睡覺。」

以低沈均勻語調，慢慢地從 1 算到 10 ；在很多情況下，當你算到 10 的時候，催眠對象的眼睛已經閉上了，但若沒有，用你的手通過，溫和地關閉他的眼睛；一旦眼睛閉上，把你的左手放在他的頭頂，使用你的右手做通過，從左太陽穴到右太陽穴橫過他的額頭，給這些建議：

「你……非常……愛睏。愛睏……昏沈……愛睏……昏沈……非常……愛睏。好想……非常睏……很……愛睏。你的……頭……感覺……沈重……萬分……愛睏……非常……累了。你……不能……保持……清醒……無法……清醒……你……是……非常……愛睏。除了……我的……講話……聲音……之外……你……聽不到……其他聲音……你……即將……要……進入……睡覺……很快……睡覺……深沈……睡覺。你的……頭……感覺……沈重……好

像……鉛塊。你……無法……保持……它……正直……不動……它會……點下……來……往……你的……胸部……點下。你……很快……更……快……進入……睡覺。睡覺……睡覺……睡覺。你……很快……睡覺……深沈……睡覺……在……你眼前每一件……東西……都變……黑暗。你……不能……移動你的……手臂……因為……它們……非常……沈重……你……不能……移動你的……小腿……因為……它們……也是……非常……沈重。你的……整個……身體……感覺……麻痺。除了……我的……聲音……之外，你……聽不到……其他聲音。當……我……算到……10……你……就……很……快……睡覺。1……2……3……4……5……6……7……8……9……10。你很快入睡。很快……睡覺！」

　　以命令式的語調說最後的「很快……睡覺」；當給予這些建議，在你做通過經過他額頭之後，然後改變你的位置，直接站在他面前，現在做往下掃過的通過，用你的雙手從頭頂對著雙腳經過他的身體（同時繼續建議睡覺公式），你要保持瞪著催眠對象兩隻閉著眼睛中央的額頭，一面說一面做通過，稍微張開你的手指，如上已經提到使用雙手來做，在做通過的時候，不要碰到催眠對象的身體；最少離開身體表面三公分，很慢地做通過，當你通過膝蓋，手掌轉向外（離開身體方向），配合往上動作再度回到頭頂，在做這個的時候，在他的身體每邊從膝蓋到頭，伸張你

的手臂做一個半循環，然後再度開始往下的通過。

安靜地做此通過大約五分鐘，然後再度柔和地給予睡覺公式，在你做這個的時候，當給予建議之際，把你的手掌放在他的眼睛上，讓他的眼前每一件東西都在黑暗中，一旦他的頭很快地點下來，你就知道催眠睡覺已經產生了，現在，堅持他不能醒來，要一直等到你告訴他才會醒來，強調除了你的聲音之外，他聽不到任何聲音。

這是一個很好的測試，用以確定催眠對象在催眠入神中，當你認為他睡得很深，舉起他的右臂或左臂到一個橫的位置，並對他說：「你的……手臂……現在……暫時……卡住了……而且……你……不能……把它……放下……盡力……試……盡力……試……你……努力……試著……試著……努力！你……根本……不能……移動它」；若手停留在空中，抗拒他努力放下來，這是一個好指示，他已經被催眠了。

這個催眠睡覺手臂卡住僵直測試，也能用來加深入神狀態；建議：

「你……不能……移動你的……手臂……因為……它……實在……非常……僵直……但……你……會……發現……開始……感覺……好……累了……它……開始……自動慢慢地……掉下……掉到……你的……懷裡……當……它……掉下……來……你……進入……更深……再……更深……睡覺……在……催眠中……當……它……最後……掉

到……你的……懷裡……你……會……深深地……睡覺……非常……深沈的……催眠。你……就……進入……很深的……催眠。」

在催眠睡覺中，催眠對象會執行你所給予的各種建議，催眠睡覺產生一種心智精神狀態，就是過度聽話，被催眠者會把建議當他本性的事實；若在自然狀態，他動作緩慢，在催眠中，他將慢慢地反應，若他活潑快速敏捷，他被催眠也將對應很快；在此狀態中，你可以用有力的指令方式給予建議，最重要的是，它們要能立即被瞭解。

61 越來越熱測試

把對象帶入催眠後，把你的左手放在催眠對象頭頂，你的大拇指置於他的鼻根，然後說：

「現在……這個……房間……開始……覺得……很……溫暖……越來……越……熱起來……你……已經……開始……流汗了。你……要……搨……你自己……來……冷卻……下來。已經……變成……非常地……熱了！脫掉……你的……夾克……讓它……冷卻。啊……舒服……多了……好舒服……現在……你……覺得……很……舒服。……溫度……已經……開始……下降……現在……在……你的……椅子……你……舒服地……睡覺……進入……更深……更……深的……睡覺……催眠……睡覺……現在。」

對這些建議的反應，催眠對象會開始流汗，也會搧他自己，並脫下大衣，然後進入更深深的催眠睡覺，完全遵照你所告訴他的，你能要求催眠對象回應，幾乎不受限制（假設並不違反催眠對象的內心道德本性）做出各種事物。

62 雪梨花朵法，又稱五十次睜眼閉眼法

要催眠對象坐在椅子上，正在你前面，你的椅子該稍微高於他的椅子，因此他的眼睛必須往上看你的眼睛，讓椅靠近在一起，讓你們的膝蓋碰觸，他的手該放在他的大腿上，現在，瞪著他的眼睛，抓著他雙手中間手指第一個關節，放在你大拇指和食指之間，你的食指在他中指之下，你的大拇指在上，穩定地拿著他的手，現在對催眠對象說：

「我……即將……要……開始……從……1……算到……50。每……一次……我……算數字……我……要……你……在數字……之間……閉起……你的……眼睛……再……睜開……眼睛……當你……睜開……眼睛總要……看……著……我的……眼睛……不要……想……別的……東西……只要想……睡覺……當……你……再也……不能……睜開……你的……眼睛……只要……閉上……眼睛：現在……準備好！1……2……3……50。」

你在算數目的同時，催眠對象睜開和閉上他的眼睛，隨著計數的韻律，你的大拇指和食指一起壓，用相當大的壓力壓他中指第一個關節，隨著每一個數字，繼續壓和放，催眠對象的眼睛打開和關閉，繼續凝視著你的眼睛；平順和諧做這個過程。

在你算到 20 左右，這個方法把很多人帶進催眠睡覺，很少需要算完 50；若他在你到達 50 還未入神，從頭開始。

63 電話催眠法

為了這個目的，選擇一個你以前曾經催眠過的催眠對象；打電話給他要他坐在椅子上，靠近話筒，然後問他是否認得你的聲音，若他回答「是」，對他說：

「我……是……（提到你的名稱）。在幾……分鐘……後……你……將……進入……深沈……睡覺……非常……深沈……催眠。你……開始……感覺……很……愛睏……你……能……不……保持……清醒。你的……眼睛……會……閉起來……現在……你……會……睡覺……深深地……進入……催眠。你……將……很深……睡覺……舒服地……在……你的……椅子……一直到……我……來……到……你的……地方……把……你……叫醒。」

若有需要其他安排，如你無法當面叫醒他，給他

一個建議，如他該保持在入神狀態多久，比方說，一小時，他將在結束的時間醒過來，並且感覺很好。

64 字條催眠法

先把催眠對象催眠，要他打開眼睛，看你手寫的字跡，告訴他一定記得你的筆跡，然後叫醒他；現在，你能在任何時間給他一封信，當他閱讀此信的同時，就會被催眠；此信如以下的例子：

親愛的（催眠對象名字）：

當你閱讀此信件，你會很愛睏……昏沈……愛睏……你會很快入睡，無法保持清醒；你將睡三十分鐘，你現在深沈催眠睡覺，在過三十分鐘之後，你會自動醒來，感覺快樂，在各方面感覺很好。

簽名（大字寫你的名字）

65 蠟燭法

在一間暗的房間內，要催眠對象坐著，點一根蠟燭，放在眼睛前約六十公分，高度要讓他需要往上看著火焰，現在，大約在從蠟燭頂端一·五公分處（或更少）做一個標記，鄭重地告訴催眠對象，當蠟燭融化到這個標記的時候，他就會熟睡，強調他必須用雙眼穩定地看著火焰，如果蠟燭燒到了標記，他還沒有

自己閉眼，溫和地用你的大拇指閉上他的眼睛，建議
他的眼睛一直閉著，不能打開，而且他睡覺了。

接著，給予睡覺公式，並在催眠對象身體做不接
觸通過；很快就會引導入催眠；燭光催眠是一種有效
催眠人們的方法，特別是針對注意力難以集中者，閃
爍的火焰，好像放出一種難以抗拒的迷人之力。

66 放鬆催眠法

在這個方法中，你和要被催眠者相對面坐著，聊
聊放鬆；你下令：

「我要給你示範一個愉快、讓你感覺很好的放鬆
方法，醫生常常使用這個方法來紓解緊張，醫師可能
定義為專心的心智和身體放鬆，它會使你放鬆，感覺
全身舒服，你喜歡試試這種經驗嗎？」

取得催眠對象的口頭同意，表示他（或她）很喜
歡；你繼續：

「好，你現在坐在椅子上，讓你自己舒服和放
鬆，讓我暫時拿著你的手，現在，盡你所能放鬆我拿
著的手，放鬆它，讓它完全鬆垮垮的（催眠對象照著
要求做），很好，你做得很好。」

注意到催眠對象放鬆在你手中的手之反應，你能
立即決定他的心智狀態，知道他如何遵照你的建議，
堅持他的手完全放輕鬆，當你感覺到他的手完全放輕
鬆了，繼續。

「現在，做一個深呼吸，慢慢和深深地吸進來，憋著呼吸一會兒，現在，慢慢地吐氣（催眠對象照指導做），很好；現在，再做一次深呼吸，憋著，吐氣；這個吐氣把你放鬆。」

「現在，把你的眼睛閉上，想著從你的身體放鬆所有的緊張壓力（催眠對象照指導做），好，你做得很好，已經感覺更好了，對嗎！現在，放鬆你眼睛四周的肌肉，完全放鬆，感覺鬆垮垮的，當你確定眼睛肌肉很放鬆，眼睛的肌肉都沒力氣了，試著張開眼睛，你會發現根本無法張開，你不能張開眼睛，因為你眼睛的肌肉都很放鬆了，你現在真的很深沈放鬆。」

在此引導過程的時候，催眠對象跳過了他的判斷感覺，就是他能隨意睜眼或閉眼的意識心智；若他睜開眼睛，告訴他，他剛剛證明了他還沒有完全地放輕鬆眼睛的肌肉，因為它們還運作，要求他進一步專心放鬆那些肌肉，完全放輕鬆，而無法張開眼睛；要他測試眼睛，若一直閉著，以更進一步建議繼續下去：

「現在你的眼睛閉上了，眼睛的肌肉完全地放輕鬆，你會發現，現在，你能比以前更深地放鬆你整個身體，你感覺很棒，因此讓同樣於眼睛放鬆的感覺，蔓延到你整個身體放鬆，只要讓眼睛的放鬆，流下你整個身體，讓完全同樣的放鬆感覺，從你的眼睛下到你的腳趾頭，如此放鬆感覺太好了，你很享受它。」

「現在，下面會很有趣，當我要你溫和地張開和

閉上眼睛，你很容易就可做到，你會發現這個動作，會使你比以前更放輕鬆，事實上，它會讓你比現在更放輕鬆十倍，所有你身體其他的肌肉繼續完全放輕鬆，當我告訴你的時候，只有你的眼睛會溫和地張開和閉上。」

「都準備好了，1、2、3：溫和地張開你的眼睛：現在閉上眼睛：比過去更放鬆十倍，感覺到一個美妙的放鬆巨浪蓋過你，現在，當你再做，只要比現在加十倍放鬆，感覺好像有一條放鬆的毯子，從你的頭到腳趾頭蓋著。」

「再度準備好：1、2、3：現在睜開眼睛，現在閉上眼睛，加十倍放鬆，感覺放鬆的毯子，從你的頭到腳趾頭蓋著。」

透過這個起初的過程，你一直拿著催眠對象的手，再遵照這些建議：

「現在，當我放開你的手，它會掉下，像一塊鬆軟的抹布，掉進你的懷裡，你完全地放輕鬆。」

放開他的手，讓它掉進他的懷裡，你已經引導了催眠。

67 互相催眠法

要對象坐在一張舒服椅子裡，放鬆，你在他前面大約半公尺，要求他集中注意力在你的眼睛（指示動作，你的手指著他該凝視的眼睛），你目不游移地瞪

著對象，集中你的眼光在他的眼睛，接下來，告訴對象在任何情況下都不可讓他的眼睛漂開，要刻意注意每個你給他的思想。

使本方法產生正面結果非常有效的因素是，在此過程中，操作者輕輕地催眠自己，同時也把對象催眠了；因此，你將感覺和經驗和你對象同樣的感覺和經驗，因為本方法你帶著他，使用一套逐步催眠建議系列，透過各種感覺，透過各種階段的放鬆，一直下到催眠睡覺狀態，你能決定給予適當建議的時間。

同樣的，本過程也讓催眠師密切地與他的對象產生和諧；因此，當你做每個建議的時候，在你的心智集中注意於該建議──實際上，想像看見你隨著講出來的建議性觀念，同時也把心理感覺──觀念投射給對象，因為你也會經驗透過建議所產生的感覺，你會自動安排出產生最佳效果的時間。

在你的催眠睡覺引導建議的過程，你會來到一點，眼皮沈重和累了，你經驗感覺你的眼睛很痠，因此你知道那就是呈現以下建議的時候：「你的眼睛沈重和累了，眼皮很痠很睏，你非常非常想要閉上眼睛，你不得不閉上眼睛」，你的對象同時經驗完全相同的感覺；因此，當你說這些的時候，你同時專心地集中心智在對象的眼睛變累的觀念，變成沈重和關閉；透過想像看見一幅心性畫片──他的眼睛因而變成為疲乏來做，一步一步來，當你在做這催眠方法的時候，你心裡想像看見你的建議。

　　現在，瞭解你所看到的本過程（你的對象舒服地坐在你前面，凝視你的眼睛，你也凝視回他的眼睛），你準備好往下進行。

　　向對象建議：「當你看入我的眼睛，你會開始感覺一種最愉快的寧靜，偷偷潛入你裡面，放鬆你身體的每塊肌肉，放鬆你頭和面孔的肌肉，讓放鬆流往下，透過你脖子和肩膀的肌肉，你整個身體的每塊肌肉，完全地放鬆，你放鬆和寧靜了，全部安靜和平，就好像一塊又重又黑的布，遮蓋包圍著你的身體，全部都如此安靜和寧靜」。

　　當你呈現這些建議，在對象的方向做溫柔的往下通過（Pass），以往下橢圓形式來做這些，開始把雙手靠近你面孔，然後雙手伸出去，向著你的對象往下，完成拉長的圓圈，再把雙手拉回來向著你的面孔，不唐突地做這些通過，來引導注意力更專注在你的眼睛和建議，而非注意他自己。

　　繼續你的建議：「你的眼睛固定、設定在我的眼睛」；當你說這的時候，做一個指示動作，從他的眼睛到你的眼睛；「啊，你的眼睛有多麼累了！眼皮好重，只想要眨眼和閉上，你非常想要閉上很累的眼睛，但，不要閉上，因為要直接看進我的眼睛，你的眼睛很睏、很累了，你很想要閉上它們；它們非常沈重，非常累了，你的眼睛很睏很累了，你很想要閉上它們；好吧！閉上眼睛，現在；我將慢慢地從 1 算到 10，我每算一個數字，你的眼睛就更沈重更沈重，一

直到當我算到 10 的時候，或在此之前，眼睛緊密地閉上了。好吧！現在——1，2……你的眼睛變為更沈重更沈重，開始閉上……3，你的眼睛很沈重，上眼皮往下拉，下眼皮往上拉，你的眼睛關閉，緊密地閉上它們……4……5……讓你累了的眼睛閉上，現在……閉上你的眼睛，感覺好棒……6……7……就是這樣，閉上那些累了的眼睛……8……9……10……眼睛緊密地閉上了，現在。」

　　隨著你自己的眼睛感覺，適時給予這些建議，當他的眼皮閃爍、眨眼和下垂，也配合對象的反應，當你算到 10 的時候，他的眼睛應該緊密地閉上了，若不是，則溫和地用你的手指尖閉上他的眼皮，同時建議：「閉上你累了的眼睛，現在，讓它們休息。」然後繼續：

　　「閉上你累了的眼睛，感覺很棒，它非常累了，讓它們休息，感覺非常好，它們非常緊密地閉著，它們閉得更緊密地，更緊密，黏合一起，就是不睜開它們……它們非常緊密地黏合一起，緊密黏合（在此引導過程，把你的右拇指放在對象的前額中央，向著他的鼻梁推下去，同時以你左手抓著他的右手腕）。你無法睜開你的眼睛，因為它們緊密地黏在一起了，看，它們緊密地黏在一起了，試著睜開，但你做不到！」

　　在回應這系列建議，對象會無效地嘗試睜開他的眼睛；他的眉毛會上舉，但眼皮還是緊密地閉著，在

他嘗試幾秒鐘之後，接著：

「沒關係！忘了你的眼睛，只要休息，現在，進入更深的催眠睡覺，只是休息，熟睡，深沈，熟睡，你感覺有多麼寧靜和放鬆啊！……到處都只是寧靜和放鬆了，睡覺去。」

現在走到對象後面，溫和地做撫摸性通過他的前額之上──從中心向外往太陽穴──繼續建議：「每件事情都是如此安靜和寧靜，你很愛睏和想睡，深睡去，每件事情褪色了，你睡覺去，下去，下去，深入，深深睡覺，下去，下去，下去深深睡覺，事情變得更遠，離開更遠，甚至我的聲音也離開得更遠，當它們變得更遠，離開更遠，你掉入更深，更深，睡覺去。」

把你的聲音降低，越來越柔和地說，當你給這些建議的時候，你的聲音變得離開更遠，然後漸漸地恢復你正常的音調：「你正深睡下去，深深地在催眠中睡覺，很想睡，睡覺，深沈，熟睡，深深睡覺！你的肌肉都放鬆了；你的頭沈重，往前掉到你的胸膛。」

溫和地推他的頭往前掉，然後開始撫摸他的頭──從後頂端部分頭往腦底部，在這撫摸當中，在他脊椎柱頂端，找出介於第一和第二脊椎骨之間的小凹點，以你的右食指邊穩定地壓在這點，這會產生一種麻痺感覺，你建議：

「每件事情感覺有多麼麻痺啊！你非常愛睏想睡，打瞌睡沒關係，馬上去睡覺，現在，熟睡去，在

你身體的每塊肌肉，從你的頭頂到你的腳都放鬆了，深睡去。」

現在，把你的雙手放在對象肩膀的中心，往上靠近他脖子的底部，穩定地壓往下，大力推他的身體，盡可能往椅子推下去，建議：「你的雙手和手臂非常沈重，你感覺它們在你的懷裡重量很沈重，你的手指頭開始感覺麻刺，你的腿也變為很沈重；它們更重地壓在地板上，而同時你沈入更深，進入更深去睡覺。」

「現在，你的呼吸開始加深，你呼吸深沈又自由，呼吸深沈又自由，慢慢地（在此點，把你的頭靠到對象的耳朵，你自己大力吸氣和吐氣，仔細地觀察對象，你會注意到他跟隨你的呼吸節拍，他的吸氣變成又深又滿）。又深又滿，又深又滿，每次你呼吸，把你送下去更深，更深，更深去睡覺，深睡去，深又深睡覺，睡覺，深又深催眠睡覺。」

走到對象的前面，繼續去建議：「深沈，熟睡，看啊，你的手臂有多麼鬆軟和放鬆啊！它們鬆軟像抹布」，從他的懷裡拉起一隻手，讓它掉回去，然後從他懷裡推開他的雙手，它們鬆軟地掉到身邊，好像懸掛的抹布一樣。「沒有東西干擾你……只是安靜地和寧靜地睡覺，你深深地、和平地、滿滿地睡覺。」

「現在，當我壓在你的手指甲上，你進入更深的熟睡……一路下去，深入最深的催眠睡覺。」拿起他的雙手，放回他的懷裡，用你的拇指壓在第二和第三

手指頭根基上，介於第一手指關節和指甲之間，穩定均勻地壓，你建議：

「當我壓在你的手指頭，你更深睡覺去，深深下去睡覺，深深下去，深深睡覺」撿起對象的雙手，從他的懷裡甩出去，讓它們突然間掉下，當它們鬆軟掉到他身邊，建議：「你的雙手懸掛在你身邊，你現在，在深度催眠中，睡覺，深深地，沒有任何東西會打擾你，你的潛意識打開了，準備好接收每一個我給你的有益建議；你會遵照我給你的每個建議，隨著你這麼做，你繼續掉入更深、更深進入深度催眠。」

68 控制呼吸催眠法

要對象坐在你面前，告訴他放鬆，要他把注意力集中於你，照著你的引導。

告訴對象深深地吸氣，然後在他的肺部憋著呼吸十秒鐘，當他憋著氣，你口頭上從 1 算到 10，在算到 10 的時候，說：「好吧！慢慢地吐氣，現在。」這深呼吸和同步呼吸，就是本引導催眠的基礎，你重複這建議三次，即：「慢慢地吸氣」，在深呼吸慢慢地算到 10 的時候說：「吐氣」。

當你給予這些建議的時候，你自己也深深地吸氣，從 1 算到 10，然後隨著對象吐氣。

一旦做了這個起初呼吸過程之後，然後告訴對象舉起雙手盡量高過他的頭，把他的手指頭交鎖著，他

的手指頭交鎖著，然後要他轉動手掌往上向著天花板，手指頭還交鎖著，盡他所能往上推向天花板，然後用以下這些建議：

「看著我的眼睛，密切地聽我所告訴你的，保持你的雙手在你的頭上，手指頭交鎖著，手臂伸展，向著天花板穩定地往上推，想想你雙手和手指頭緊繃，你的手臂僵硬，當我對你說話的時候，你的雙手和手臂越來越僵硬，你的手指頭鎖在一起，你的雙手固定在一起，不管如何你嘗試，都不能分開，我要算到3，在我算到3的時候，不管你如何努力嘗試，你就是打不開你的雙手和手指頭；……1……你的雙手緊密黏合，不管你如何努力嘗試，它們如此緊密鎖在一起，你不能分開；……2……你的雙手僵硬，它們如此僵硬，你不能移動它們……3！你不能分開雙手，不管你如何努力嘗試，努力嘗試，但你不能打開你的雙手；它們緊密黏在一起，在你的頭上的空中。」

「現在，當你的眼睛注視著我的眼睛，你感覺到你在你頭上的手臂，開始沈重和累了；隨著它們如此，你的眼睛也開始沈重和累了，想要閉上，好吧！閉上你的眼睛，現在（對象閉上眼睛），你的眼睛閉上了，隨著我算到6，吸氣進來，隨著我算……憋著那口氣，我算到3，隨著我算……隨著我算到6吐氣，隨著我算……隨著我算到3休息，不要吸氣，也不吐氣，只是休息，你的眼睛緊密地閉在一起，不管你如何努力嘗試，你不能睜開你的眼睛。」

「深呼吸……1-2-3-4-5-6；憋氣……1-2-3；吐氣……6-5-4-3-2-1；休息……1-2-3；你發現眼皮黏得很緊，不管你如何努力嘗試，你無法睜開你的眼睛（對象會試，但發現無法睜開眼睛），現在，忘掉你的眼睛，現在，睡覺去，在你頭上的雙手是非常沈重和累了，你再也無法保持在你頭上，你的手指頭分開，現在，你的雙手慢慢地往下掉入懷裡，當它們放回你的懷裡，深睡覺去（對象的雙手慢慢地下降到他的懷裡）。」

「你全部都放鬆和安息了，現在，深深地吸氣，隨著我算……1-2-3-4-5-6……憋氣1-2-3……吐氣6-5-4-3-2-1……休息1-2-3……；以此韻律保持呼吸進出，照著這韻律呼吸，你會深深地去睡覺。」

現在，以此韻律開始數數，觀察對象照此韻律呼吸……

「深深地吸氣，現在……1-2-3-4-5-6；憋氣……1-2-3……吐氣6-5-4-3-2-1；休息……1-2-3；你以此方式呼吸，送你進入深度催眠。」

與對象做這呼吸──計算過程六次，觀察到他的呼吸變為自動，然後建議：

「繼續以此韻律自動，呼吸，現在，隨著每次你呼吸，送你更深進入，更深睡覺，進入深度催眠入神，倒在你的椅子裡，現在……完全放開……深深催眠睡覺去；你的呼吸繼續送你下去更深，更深，更深，更深進入催眠。」

對象倒入他的椅子裡，你已經透過這控制呼吸方法引導催眠了。

69 自動建議

為此目的，沒有比愛莫立·庫（Émile Coué）的「每一天，在各方面，我更好更棒」公式更好，他就是發明自動建議的偉大心理學家；庫的自動建議性公式成功的「關鍵」，當然是出現在字句內的「在各方面」，因為這幾個字帶著全方位的意義進入潛意識，這幾個字，合併其餘的字句，真是天才，在這些簡單字詞內，含著極大的寶藏。

高度建議你使用這公式來強化你的消除緊張建議，一旦你把它們建立在你的心智；應用以下過程：

找一條線，打二十個結，用這個方法，你能以最少的注意力來算，二十這個數目，沒有什麼特別，只是用來當適當的整數。

上床後，閉上眼睛，放鬆你的肌肉，舒服躺著準備睡覺，現在，透過線上的結計算，重複二十次通用公式：「每一天，在各方面，我更好更棒」。

要大聲念出每個字，也就是要足夠大聲到你耳朵可聽到的程度；以這種方法，此觀念被嘴唇和舌頭的動作、透過耳朵傳達的聽覺印象增強；簡單地說它，而不要費力，就像小孩子自說自話；當你習慣了這練習，能非常「無自我意識性地」做，開始讓你的聲音

變大或變小——哪一種都沒關係——於「在各方面」這幾個字；但在起初的時候，不做這個強調，那樣子只是沒有必要的把手續複雜化。

不要想你說什麼；相反地，讓心智隨性流蕩；若它停在公式上，更好；若它迷失到別處，不要回想它，只要你不完全停止重複，比起費力去回想你的思想，你的心智漫遊會更少擾亂。

如此的通用化建議，以此方法處理，就足夠使自動建議有所表現，它們能好好地幫你，此外，強化你的消除緊張建議；每天早上和每天晚上做此過程；若有如此做，你會自覺地進入正確的態度。

最高的原則就是不費力。

早上醒來之後，在還未起床之前，以同樣正確的方式重複公式。

7❻ 緊抓手掌深沈睡覺引導法

先示範雙手掌緊緊相互交叉抓著，要對象跟著做，並要對象把眼睛盯著放在上面的拇指，建議對象：「緊緊地抓著雙手，緊到一個地步，以至於雙手掌鎖住了，即使你想要打開，也無法分開雙手，因為雙手已經鎖住了」，你不停地重複這些話，快速地走近對象，把對象鎖住的雙手往下推，同時說：「睡覺」，當對象的手掉到腿上的時候，說：「深深地睡」，同時往下推對象的頸子背部。接下來加深。

71 手拉近臉引導法

要對象坐在椅子上，告訴他們舉起左手，放置在臉前大約一尺，手掌面對著他們的臉，要求他們看著那隻手，說：「現在，閉上眼睛，想像或想像看見，有一塊很有力的磁鐵在那手掌，另一塊有力的磁鐵在你的額頭和臉上，你的手被拉得越來越近，更靠近你的臉」；重複地建議，接著說：

「當你的手碰到你臉的時候，它就安放並放鬆在你的臉上，黏在你臉上，你接著達到注意力集中的頂峰，讓我催眠你；你注意到你放鬆在你腿上的另一隻手，同時你的左手越拉越靠近你的臉，就好像在你左手指有塊強而有力的磁鐵，抬起、舉起、拉得更近、更靠近你的臉。」接下來加深。

72 擺錘打圈圈引導法

要你的對象在他們前面拿著擺錘，坐在椅子上，告訴他們把注意力集中，看著擺錘開始往前往後、往內往外、往前往後、往內往外移動；告訴他們閉上眼睛，更加集中注意力在擺錘往前往後往內往外擺動。

「變得更大，變得更寬，現在更圓、更圓，好像擺錘現在做圓形擺動，越來越大、更大、更圓、更快、更大、更圓、更快、更快。」

當你注意到擺錘擺動力更快的時候，表示對象

現在已經真的集中注意力了，準備好進入深度催眠睡覺；告訴對象：「一會兒我會要你睜開眼睛，看著擺錘移動，也就是說，你已經準備好要深深地被催眠。」

當我說：「睡覺，並告訴你閉上眼睛，你把眼睛閉上，頭點下來，進入深沈催眠睡覺；現在睜開你的眼睛，看著擺錘！」

在對象睜開眼睛看著擺錘的瞬間，摸著對象頭後面，說：「睡覺，閉上眼睛，睡覺，深深地被催眠！」同時壓下對象的頭或肩膀。接下來加深。

73 基本呼吸法

在催眠引導和催眠中的呼吸法，催眠師可用以下方式說：「當我算到 3 的時候，深深地吸一口氣進來，先用丹田吸氣，把肚子吸滿空氣，然後再吸滿胸部，吸得滿滿滿的，吸進來，吸進來，然後憋著三（五）秒鐘，憋著！憋著！然後慢慢地吐氣，吐出來。」

請注意，雖然這看起來只是很簡單的一個動作，但是對於被催眠者來說，催眠師給予了大量的訊息單位，因為他要注意聽，又要跟著做（含蓄暗示性地運動了他身體內很多肌肉），通常催眠師會同時要他的注意力（眼睛）集中在某事物上，他的腦子裡忙著照顧很多事情呢。

　　再者，催眠師在做呼吸引導的時候，有時候會刻意誤導，比方說，叫對象自己做十次深呼吸，但是當他做了幾次（三到五）之後，就馬上打斷叫他做別的，或故意把次數算錯──這些催眠師刻意的指令，主要是打破對象的意識控制──如果對象意識還清醒，或尚有抗拒，這些刻意的誤導（如把數目順序顛倒亂跳等等）會把他的意識搞迷糊掉──本法目的就是要讓對象的意識不再做邏輯分析和判斷，對象的意識一旦被搞迷糊了之後，潛意識就打開了，也就是進入催眠狀態了。接下來加深。

74 6363 呼吸法

　　這是基本呼吸法的一個變通，稱為 6363 呼吸法，來自印度瑜伽術：在從 1 算到 6 的過程中，深深吸氣進來，憋著算到 3，然後從 6 算到 1 的過程中把氣吐出去，然後休息從 1 算到 3；開始的時候，可用兩個鼻孔吸氣和吐氣，隨後可練習由一邊鼻孔吸氣，再由另一個鼻孔吐氣，還可再進一步兩個鼻孔交互吸氣和吐氣（第一次右吸左吐，第二次換成左吸右吐，再換回來）；對於比較「鐵齒」的對象（催眠師從前面的建立和諧階段應該可以判斷出來），基本呼吸法可能太溫和了，要改用這種 6363 呼吸法，訊息單位超載更多。

　　這種呼吸法比較適用於自我催眠；本呼吸法

應用在自我催眠的過程中，可以配合想像看見（Visualization），在七輪每批七次的呼吸（總共四十九次）過程中，想像有一股流動（或者你叫能量、白光也可以）（麻麻、痠痠、沒有、流動……的感覺），從脊椎骨最下端〔尾椎法輪（Chakaras）〕，隨著每輪呼吸往上移動，最後從天頂衝出去；也可想像看見此流動向脊椎骨的兩邊移動，這就是所謂的打通任督二脈。

本法計數的頻率，要以被測者的脈搏為準，因此，告訴被測者，回家自己練習的時候，用手按著另一隻手，偵測到自己的脈搏速率，依照此速率算數字，等到熟悉了自己脈搏速率後，就可不必一面按著脈搏一面算。

再者，可以給被催眠者以下的指令，用以加強放鬆的效果：「當你吐氣的時候，也就是從 6 算到 1 的過程中，告訴你自己，讓你完全放輕鬆下來。」並給予：「每次，當你做三次 6363 深呼吸之後，你就會立刻進入比現在更深的催眠放鬆。」之後催眠建議，讓他能隨時自己做自我催眠。

75 眼睛凝視法

先要對象坐好在椅子上，雙腳腳掌平貼地板，雙手放在大腿上，左手在左大腿上、右手在右大腿上，找一個在其前面高處的點或東西，要對象眼睛注視，

把注意力完全集中在那裡，並提醒他注意到他的呼吸開始變緩慢，要他同時做呼吸法，先是用語言引導他做幾遍，然後要他自己做五遍或十遍，在他自己做的過程中，不斷地提醒他把注意力集中在高處的那個東西，眼睛要凝視著它。

請注意，催眠師所選的凝視物件，一定要在高處，讓被催眠者的眼球往上吊，大約四十五度的角度；一般人如此做沒有多久之後，眼睛就會開始疲乏，想要把眼睛閉起來；這是本法一個主要目的——由生理動作產生心理作用；此時，催眠師可以看到對象的眼睛有所變化，變成炫光（Glazed）（呆滯），或可看到快速眼球活動（Rapid Eye Movements, REM），這些都是已經進入輕度催眠的正常生理現象。

如果凝視物件是個可以調整到閃爍頻率大約十赫茲的發光二極體，則除了以上的生理／心理效應之外，還添加了另一項重大的生理刺激——透過閃爍的發光二極體，也把被催眠者的腦波，同步到催眠的腦波，這是非常有效的催眠方法。

在這個時候，催眠師有兩個選擇：如果還要用別的引導法，就要命令他不可把眼睛閉上，並結束本項引導；如果想把對象帶進催眠中，就可叫對象把眼睛閉上，進入催眠狀態中。

76 手掌凝視法

　　坐姿如前，但要對象舉起一隻手，手掌朝著臉孔，大約三十公分，略高於眼球，手指併攏指著天空（催眠師協助），然後要對象凝視著中指最尖端（最高處）——眼球被迫往上吊；接著催眠師下達深呼吸的動作指令。

　　本法類似於眼睛凝視法，但加上肢體的動作，增加對象聽從命令，也增加訊息單位的超載；接著下來，可轉成以下的幾種方法之一。

77 手指分開法

　　當對象的眼睛已經有了炫光或快速移動的現象之後，要他把眼睛閉上，想像催眠師在他的手指之間，塞入了小木片，他的手指隨著每次的呼吸，張得越開，要他眼睛閉著想像，或想像看見他的手指頭越來越分開，催眠師可不停地下達指令：「你的注意力還是集中在中指的尖端，隨著每次呼吸，你的注意力越集中，你的手指頭越分越開！」若有必要，反覆叫他做深呼吸，使用大量的訊息單位轟炸他，他的手指頭就會張開。

　　當他的手指頭完全分開之後，催眠師可叫對象睜開眼睛看他的手指頭，當他看到自己的手指頭（失去控制）已經張開了，他會大吃一驚——在這剎那，大

量的訊息單位超載了！叫他把眼睛閉上，進入催眠狀態。

或者，可不叫他把眼睛睜開，而轉成下面的引導法。

78 手指貼臉法

對象在以上的過程中被引導了十分鐘左右，通常意識性的恐懼和抗拒已經大量降低了，可是還是會有一些對象仍然殘留著某種程度的抗拒（不一定是不信任催眠師，而是對催眠陌生的恐懼），這時候，把上述的引導轉成本法，效果通常很好。

催眠師開始對（眼睛閉著的）被催眠者說：「現在想像，我在你的額頭貼了一塊磁鐵（可用手指頭碰一下他的前額），我也在你的手指頭上綁了一塊磁鐵（也可往他臉的方向推一下他的手指頭），現在，這兩塊磁鐵相互吸引，吸力越來越大，隨著你每次的呼吸，吸力越來越強，越來越強，你的手越來越靠近你的臉，越來越靠近，當你的手碰到你的臉的時候，你的手就會黏在你的臉上面，你就進入催眠中。」

在這個方法中，他的眼睛閉著，要他想像手的動作（越來越靠近他的臉），同時也可要他把眼球往上吊，同時想像看著（或注意力集中）在他額頭上想像中的磁鐵，如果還要「狠」一點，甚至可要他把舌頭頂著上牙床；（閉著眼睛）眼球往上吊和舌頭頂著上

牙床,這兩個額外的動作,更大量地增加訊息單位的超載:眼球往上吊,腦波會跟著改變,從意識完全清醒的腦波改到輕度催眠的腦波,而舌頭頂著上牙床,對象憋著不能講話,壓力很大,自然會產生焦慮,而焦慮就是訊息單位超載的另一個名稱,正是我們所希望達到的。

當焦慮(訊息單位超載)達到了臨界點之後,人類自然的原始動物心理反應——打或跑(Fight or Fleight)機制就引發了,而在催眠師的控制環境下,對象沒有打(抗拒或甩開催眠師)的餘地,因此就剩下跑(裝死關閉意識腦袋)一途,自然進入了催眠狀態。

79 吸氣吐氣閉眼睜眼法

這個方法透過反覆的眼皮緊繃和放鬆,在短時間內給予對象大量的訊息超載,然後引入催眠狀態,方法是,要對象非常緊閉著眼睛,閉得非常緊,稍後再要他把眼皮放鬆,完全放輕鬆,整個過程反覆多次,做的時候,可配合深呼吸法:「當我算到 3 的時候,深深地吸一口氣進來,同時把眼皮緊緊地閉著,閉得非常緊,好像眼皮黏住了,完全睜不開,非常緊,更緊(暫停幾秒鐘),好,當我說「吐氣」的時候,把氣慢慢地吐出去,也把眼皮放輕鬆,眼睛還是閉著,只是把眼皮放輕鬆,現在,你的眼皮非常放輕鬆,一

點力氣也沒有，**想要睜開也睜不開**（大聲強調），完全放鬆，放鬆。」

請注意，眼皮是很小的肌肉，很容易控制，上述的引導同時也加入了一點點小的挑戰（在上面畫黑點的部分），在重複多次讓對象眼皮很緊或很放鬆的時候，可更進一步挑戰：「現在你的眼皮完全黏在一起，好像被膠水黏死了，完全睜不開，即使你想試著睜開，也睜不開，你可以試著睜開，但睜不開，事實上，你越試，你的眼皮黏得越緊。」或者：「現在你的眼皮很放鬆，一點力氣也沒有，完全放鬆了，你的眼皮黏在一起，完全睜不開，即使你想試著睜開，也沒有力氣睜開，因為你的眼皮完全放鬆了，你也不想睜開，事實上，你越試，你的眼皮就越放鬆。」

說了上面這段話之後，給對象幾秒鐘的時間，他會試著要睜開眼睛，卻無法睜開，當對象發現他睜不開眼睛的時候，訊息單位超載大量發生，引發打不過就跑的機制；萬一，對象把眼睛睜開了，怎麼辦？沒什麼，催眠師不要漏氣，只要告訴他，他的注意力還不夠集中，還不夠放鬆，換另一個方法。

80 雙手緊握法

要對象把雙手伸出來，手掌相對，打開手指頭，手指交叉合握在一起，然後要對象：「眼睛注意集中在上面的大拇指，隨著深呼吸，握緊雙手，握得非常

緊，繃緊手和手臂的肌肉，繃得非常緊，不停地強調注意力集中在大拇指，雙手握得非常緊，更緊更緊，兩隻手完全黏合在一起了」；當對象雙手顯然繃緊之後，催眠師用手去感覺一下對象手臂肌肉緊繃的程度，在這個動作的過程中，可加強說：「更緊，更緊；然後說：當我算到 3 的時候，把你的雙手完全放鬆，放下來，放到腿上，眼睛閉上，頭點下來，進入催眠。」

這一招也可接著做肌肉僵硬的挑戰：「現在你的注意力完全集中在你的雙手上，你的雙手黏在一起，繃得非常緊，完全卡在一起，即使你想把它們分開，你也分不開，你可以試，但是你越試，你的手卡得越緊，卡得越緊。」

如果發現對象的肌肉並不是非常緊繃，可以加強幾次握緊的指令，但是會有一些人（特別是女生）肌肉繃不緊的，沒關係；有一些人可能還有意識上的猶豫，肌肉繃不緊，只要轉換到別的引導法就可。

81 雙手輕重法

本方法要對象站立（坐在沒有靠手的椅子上也可），雙手平伸直手指，眼睛閉著，一手手掌朝天，另一手掌朝地，配合深呼吸，催眠師說：「現在你的眼睛閉著，想像在你的左（右）手，我放了很重的一本書，隨著你每次的呼吸，這本書越來越重，想像

在你的右（左）手，我綁了一個大氫氣球，把你的右（左）手往上拉，隨著你每次的呼吸，氫氣球的拉力越來越強，你的左手越來越沈重，你的右手越來越輕，左手越來越重，現在我放了兩本很厚重的書，你的左手越來越往下沈，我在你的右手再綁了一個更大的氫氣球，你的右手越來越輕，越舉越高，左手越來越重越往下沈，右手越舉越高，越來越高，左手越來越重……。」

這一招可以測試出對象的聽話度，每個人都能想像，因此要他想像不是問題，他聽話的反應才是重點；生理性聽話度（Physical Suggestibility）的人，雙手會分得很開，一手舉到空中，另一隻手完全垂下了；而情緒性聽話度（Emotional Suggestibility）的對象，他的手不會張開多大（少於身體的三分之一），甚至沒有舉高和放低，他怕失去控制（主控性）；瞭解了對象的聽話度之後，催眠師就可以調整下面的催眠引導台詞，生理性的對象，採用直接的命令，如：「閉上眼睛，進入催眠」；而情緒性的對象，則要用推論式的引導言詞，如：「當你感覺到眼皮很累，就把眼睛閉上，感覺很輕鬆。」

高高舉在天空的手，可簡單地要他在催眠師算到3的時候放下來，或者可以轉成下面的手臂僵硬法，這是一個挑戰，也是一種加深催眠的方法。

82 手臂僵硬法

對象可以站著，也可以坐著，引導他把一隻手舉起來，並抓緊拳頭：「現在，隨著你每次的呼吸，感覺到你的左（右）手越來越輕，好像我綁了大氫氣球把你的手往天空拉去，隨著每次的呼吸，你的手越來越輕，越舉越高，高高地指著天空……（等他的手完全舉到空中）好，很好，現在，把拳頭握緊，握得非常緊，把你的手繃緊，繃得非常緊，非常僵硬，硬得像一根鐵棒一樣，你的手非常僵硬，硬得像鐵棒一樣，更硬，更硬，現在，你的手非常僵硬，當我的手摸到你手的時候，你的手就會更僵硬（催眠師用手去抓他的手，檢查僵硬的程度），你的手現在非常僵硬像一根鐵棒一樣，你的手關節卡住了，完全鎖住了，你沒有辦法彎你的手，你可以試著彎你的手，但是你沒有辦法彎你的手，你越想試，你的手越僵硬，你可以睜開眼睛（可要他睜開眼睛看），看著你卡在天空的手，僵住了，卡在那裡，你沒有辦法彎下來，你可以用另一隻手幫忙（可拉他的另一隻手去拉那隻卡在空中的手），怎麼拉也拉不下來，你的手完全僵住卡在空中。」

以上的挑戰，可以增強催眠的深度，要他把眼睛睜開，甚至用另一隻手去拉，對象會以為他清醒了，實際上是往更深的催眠走進去，這也是反應式催眠的一部分；當對象看到自己的手不聽使喚，他的腦子就

產生了大量的訊息單位超載，焦慮程度大幅提高，終而進入更深的入神狀態。

卡在空中的手，催眠師可用以下的引導解除：「當我算到 3 的時候，我會碰你的手，當我碰到你手的時候，你的手就完全放輕鬆，完全放下來，進入更深的催眠睡眠，現在，1……2……3……！（可抓著他的手，大力往下推下去）完全放鬆，進入更深的催眠，更深的睡。」

這一招，實際上已經不只是催眠前導而已，還包含了大肌肉的挑戰（更不容易），已經進到轉入催眠的階段。

以下這幾招，都是高度的生理性（命令式）催眠前導，可以在很短的時間內把某些對象帶進深度的催眠狀態中；但應用不當的話，也可能產生反效果，反而把對象叫醒。

83 右上左下法

對象站立面對催眠師，眼睛閉著或凝視著催眠師，雙手平伸出，催眠師說：「當我算到 3 的時候，你的右手高高地舉到空中，你的左手立刻垂下去，右手舉到空中，左手立刻放下去……（暫停幾秒鐘）1……2……3！右手舉起，左手放下。」

這一招和下面兩招可以或說要一起並用，要點也是增加訊息單位的超載，使得對象同時要舉手又要放手，被搞得迷迷糊糊的。

84 雙手浮起法

接著上一招，要對象把手放下來，說：「現在，把雙手緊貼著你的身體，緊緊地貼著你的身體，再用力貼緊一點，再用力，貼得非常緊，好，現在，我要從 1 算到 3，當我算到 3 的時候，把你的手放鬆，在我還沒有算到 3 之前，你的手還是緊緊地壓著你的身體，好，現在，1……2……3！（不要讓對象預期到你什麼時候會說3，同時在說3的時候，用手去壓一下他的兩隻手掌，趕快抽開你的手）把雙手放鬆，你的雙手會自動往兩邊浮起來，浮起來了，好，現在把手放下來，更放鬆，完全放鬆。」

當對象發現他的雙手自動往兩邊浮起來的時候，他會不能相信自己，這一點產生大量的訊息單位超載；事實上，這只是個很自然的生理反應，雙手本來壓得很緊，突然間放鬆了，就自然會有反彈的力量，雙手一定會彈起來；催眠師應該知道一些基本的物理和生理現象，並且善用它們，以在對象的腦中產生大量的訊息單位超載。

85 身體前倒法

這一招和前面兩招合併連續使用，三招一體，但以本招的震撼力最強，因為透過本招，催眠師要求對象把主控權完全交出來，一個人發現他喪失了對自己

的主控權，這是一件很大的震撼，也可從本招看出對象對催眠師有多少信心。

催眠師面對著對象，要他把眼睛閉起來，催眠師雙手搭在對象的肩膀上，稍微把對象往後推（不要推得太大力讓他強烈感覺到），說：「當我算到 3 的時候，我會把手放開，我要你把身體往前倒下來，不要怕，我會扶著你，非常安全，好，1……2……3 ！（同時把手放開，準備捕捉身體往前傾的對象）好，很好，你的注意力很集中，現在回去坐好，我們要開始催眠了。」

從對象往前傾倒的程度，催眠師可以很簡單地判斷他對你的信任度如何，完全信任你的對象，就會完全放手往前傾倒下來；欲語還休的對象，其往前傾倒會有所保留，要倒又不敢倒的樣子；也會有少數的對象，根本不（敢）往前倒下來。

86 一枝筆法

被催眠者可以坐著或站著，對象眼睛可以睜著或閉著，伸出右手示範，以拇指、食指和中指捏著一枝筆，類似於三指握著毛筆，要對象以同樣的方法拿著一枝筆，催眠師說：「現在，你的手捏著筆，假裝放不開，不管如何努力嘗試，你都放不下來！（不停地說）嘗試……放開筆，但你沒辦法。」被催眠者無法放下筆，若開始的時候有要對象把眼睛閉起來，甚至

可以要對象睜開眼睛看著筆，他就是放不開那枝筆。

「停止內心衝突，閉上眼睛，假裝（強調語氣）掉入睡眠中，和平又安詳……」〔假裝是一種很好的轉入催眠方法，也就是小孩子玩扮家家酒（誰都玩過，也會玩）的方式，對象不會有抗拒心，見下面這一招。〕

「現在，你不必再假裝了，放鬆，現在手放鬆，讓筆掉下來！完完全全放輕鬆（筆會自動掉下來），進入更深的催眠睡眠！整個身體完全更放輕鬆！」

87 零假裝法

催眠師坐在對象面前，說：「閉上眼睛，假裝（強調語氣）無法睜開你的眼睛，只要假裝就好了，假裝不論你怎麼努力嘗試，你都睜不開眼睛，好，很好；現在，我拉著你的手，伸直，我現在要從 1 算到 3，伸直你的手，繃緊！」

「假裝（強調語氣）你的手非常僵硬，無法彎曲；（暫停）1，繃緊，更緊。」（用另一隻手抓著對象的手，稍微捏他，若感覺沒有繃緊，語氣加強一些，說話速度快一點急迫一些，一直到他把手繃緊。）

「2，假裝你的手硬得像鐵棒一樣。」（這時候，他的手應該有某種程度的緊繃，可以把你的手放開，但若有必要，重複多次說：「硬得像鐵棒一樣」，或：「隨著你每一次的深呼吸，你的手越來越僵硬，越來

越僵硬，硬得像鐵棒一樣。」）

「3，現在你無法彎你的手，越想彎越彎不起來。」（這是挑戰，但在他的手沒有完全緊繃之前，不要進行挑戰，催眠師是設計站在不失敗的立場，因此，要確定有穩贏的情況之後才挑戰；以下進行逐步放鬆，加深進入深度催眠狀態。）

「好，當我算到 3 的時候，你就放鬆你的手，進入深沈的催眠，完全放鬆，完全進入，1……2……3，完全放鬆，睡覺（大聲強調），深深地進入催眠。」

本法使用的時候，為了加強效果，可以並用以下的半招（稱之為半招，因為它經常和各種引導法共用，少單獨使用）。

88 吊眼頂舌法

為了增加訊息單位的超載，以及促使對象的身體進入催眠狀態的生理反應，可要求對象：「閉上你的眼睛，想像你的兩個眼球，在你的眼皮之下，看著你的額頭（可用手指碰他額頭上方，應該可觀察到對象的眼珠往上轉動），好，非常好，繼續想像你的眼珠看著你的額頭；好，現在，把你的舌頭頂著上牙床下端，好，非常好，眼睛繼續閉著，眼珠看著你的額頭，你的舌頭頂著你的上牙床下端，眼睛不要放下來，舌頭也不要放下來。」

　　這半招厲害的地方是，眼球往上翻這種現象，是進入催眠的自然生理反應之一，如果對象有進入催眠狀態，就很可能會有此生理動作，在此，我們不等待對象的這個現象發生，就直接命令他去做，他這麼一做，他的意識就會告訴他的潛意識，他的生理和心理已經偵查到有進入催眠的狀況，這個訊息單位的強度很強烈，潛意識就接受已經進入催眠的指令，接著就下令讓對象整個人進入催眠狀態──非常技巧性的霸王硬上弓法；再者，時間久了，眼睛也就累（疲）了，也產生大量的訊息單位超載。

　　舌頭頂著牙床，對象想講話都講不出來，一個人不被容許講話，會抓狂的，因此產生大量的焦慮，終而引發了打和跑的機制，帶入催眠狀態；本法對於幼童非常有效，一方面可以停止小孩子玩耍態度，專心注意你的引導，另一方面也透過生理動作，產生引導進入催眠的效果；再者，時間久了，舌頭也就累（疲）了，也產生大量的訊息單位超載。

89 反應式引導法

　　所謂反應式引導（reactional induction），就是在短時間內，多次把對象帶入催眠、叫醒、再帶入催眠，它主要的目的在於逐步地把對象帶入更深的催眠深度；一般來說，碰上一次引導就可以帶入深度入神的對象，百分比並不多，這是催眠師走運；正常

的情況，通常對象心理還是會有對催眠殘留的未知
（ Unknown ），因而產生恐懼，他從來沒有被催眠
過，不知道催眠師要（會）怎麼「搞」他，他當然會
擔心，況且，對於全身完全放鬆，也不熟悉，什麼是
完全放鬆？什麼是沒有放鬆？搞不清楚，當然心中有
點兒怕怕，這很正常，也可以理解。

　　因此，反應式引導就是針對著這種情況特別設計
的，先把對象帶進催眠中，先別管到底深度如何，把
他叫醒，或說，讓他認為他已經醒過來了，比方說，
最簡單的是要他睜開眼睛，他睜開眼睛看到東西，他
會自然地以為他已經從催眠中醒過來了（事實上不
然，他還在催眠中），然後，催眠師可用各種引導的
方法，再快速地把他帶進催眠狀態中，接下來，再把
他「叫醒」，再把他帶進去；如此反覆多次。

　　每一次，對象進入催眠狀態，他就更熟悉催眠
的滋味，更體會到放輕鬆的滋味（相當好的經驗），
因而對催眠的抗拒心就減少了一些，因此再度催眠他
的時候，因為戒心減少了，他就會讓自己進入更深一
點；催眠師可如此反覆多次，一次又一次、一步又一
步地把對象帶入所要的催眠深度。

　　在我們的經驗中，我們會多次要對象睜開眼睛，
接著用這招：「我現在要你把眼睛睜開，我會把我的
手放在你肩膀上（催眠師左手搭在對象的右肩膀上，
臉部靠近對象的眼睛，看著對象的眼睛），我要你睜
開眼睛，看著我的眼睛，當你看著我的眼睛，聽到

我説：『睡覺』這個字眼的時候，你馬上就把眼睛閉上，頭點下來，進入更深的催眠睡眠，好，現在把眼睛睜開，看著我的眼睛，睡覺（突然間大聲喊，右手大聲彈指，左手把對象往前壓下來），進入更深的催眠，完全放輕鬆，睡得更深。」

這一招很有效，具有強烈的震撼力（事實上這是一招震撼引導法的變種），很多被催眠者甚至會誤解催眠師的眼睛有魔力，可以把人的靈魂吸走，有的人還因而不敢正視我們的眼睛！

此外，還有一點順便提出來，有時候，反應式引導和以下的逐步放鬆等催眠技術過程，必須反覆做很多次，甚至到達一種催眠師都覺得厭煩或不好意思的心情，其實，催眠師不要有這種心情，我們的工作目的在於把對象帶入最深度的入神狀態，因此，時間拉得再長，同樣的手續反覆再多次（不管心中有多厭煩），還是得把這些手續好好地做，有些對象就是需要不停地重複同樣的引導，才能進入狀況；催眠師要有耐心。

９０ 手臂掉下法

要對象伸出一隻手，稍微比頭高説：

「瞪著你的食指或中指，你可以一直瞪著這根指頭，或者閉上眼睛，但在你心智的眼睛，想像看見這根手指；當你瞪著這根手指頭，你會發覺到，其他的

手指頭變得模糊不清,而且感覺到整隻手臂越來越沈重;你注意力集中在那根手指頭上越久,你的手臂就越來越沈重,可是,在你的手完全放下來之前,你不會進入深沈的放鬆狀態。繼續集中注意力在那根手指頭上,同時,你的手臂越來越沈重,越來越沈重。」

當看到明顯的手臂往下移動的時候……

「在你手臂越來越沈重的時候,它慢慢地往下、往下、往下,可是,在你還沒有完全讓手臂掉下來之前,你不會進入深沈的催眠放鬆狀態……繼續掉下、掉下、掉下、更深、更深、更深……」(繼續更深的指令,此建議必須和手臂實際下垂同步。)

91 聯想法

跟對象說以下的話:

現在把眼睛閉起來……1、2、3,開始緩慢深呼吸……在你完全放開進入深度催眠狀態之前,仔細聽我說的每一句話……

這些都會自然自動發生,你現在根本不要去想……對於到底發生什麼,不要意識控制……

隨著你繼續呼吸,眼睛四周的肌肉會自動放鬆……容易、自然……

不用想,你會很快進入一種深沈、祥和的催眠狀態,不必費力……對於你的意識來說,沒有什麼重要事情要做……

真的沒有重要的事情，除了潛意識之外……潛意識會像做夢那樣自動……你知道，平日睡覺醒來之後，有多麼容易忘記某個夢……

你反應得很好，在你意識沒有注意之下，你呼吸的速率已經改變了……你更容易、更自由地呼吸了……顯示開始進入催眠入神的徵兆……

真的，你可以好好享受更放鬆、更放鬆，你的潛意識會聽到我說的每一個字……對你來說，意識上聽到我說話，越來越不重要……

即使我很小聲很小聲地說話，你的潛意識也都能聽到……也都有聽到……

在你檢查個人心智領域的過程中，繼續飄移進入一種更解離的狀態……神祕、感覺、感受，和你不知道自己擁有的行為……同時，完全放開……你的心智自己會解答那個問題……依照你自己的速度……正如你感覺準備好了那麼快……

繼續越來越放鬆、舒服坐在那裡、眼睛閉著……

隨著你經驗這種加深的舒服，不要移動，不要說話，也不要讓任何事情干擾你……

你的內在心智會自動對我所說的有所反應……你會很愉快地享受正在進行中的驚喜……

越來越靠近深度催眠入神……開始體會到你根本不理會有沒有進入深度入神……

這種祥和的狀態，讓你經驗催眠入神的舒服……

在你往後人生中，經歷催眠……看來很自然……

　　每次當我催眠你，催眠會越來越棒，你繼續經驗更多的好處……你真的會很享受我把你催眠……

　　你總會享受……舒服……祥和……寧靜……的感覺……還有其他隨著這種美妙經驗而來的各種感覺……

　　你很高興要我催眠你……隨著你繼續更多瞭解……

　　你正在學習你自己……你正在自己發展治療的技巧……而不知道你正在發展這些……或遲或早，你會驚喜發現自己已經擁有它……一種很愉快的驚喜……

　　想像在一個你很喜歡的地方……在湖邊，或是在海邊……或許漂浮在湖面的小船上……在溫暖的夏天……現在，你繼續更加放鬆……繼續越來越舒服……

　　這是你最喜歡屬於自己的世界……

　　你會發現，任何你想要獨處片刻的時候，放鬆，感覺到非常寧靜舒服，你就會自動回到你現在所經驗的……

　　你隨時隨地都可以把自己放進這個世界……在你想要進入這種寧靜感覺的時刻……不論何時，只要你想要，就是你的……

　　伴隨著你潛意識接受我所告訴你的一切，繼續享受這種美妙的經驗……你會很喜歡自動回應我所告訴你的。

92 混淆法

本法的基本要訣在於意識上忘記，但潛意識知道，訊息被延長而且重複，引導意識心智到某方向，而潛意識到另一個不同的方向，透過建議以及暫停和精神疲勞來排除意識注意，並維持潛意識注意。

讓對象坐下或放鬆地躺著，眼睛閉上，緩慢韻律式念出以下文稿：

閉上眼睛，讓你的心智隨意飄移（只念一遍）。

你察覺到所有的事情，同時你也察覺不到，透過潛意識心智聽到，你的意識心智非常遙遠，沒有在聽，你的意識心智遙遠，沒有在聽；你的潛意識心智清醒傾聽，聽到每個聲音，同時你的意識心智停留在非常放鬆和祥和之中，你可以和平地放鬆，因為你的潛意識正在主導著，當這種情況發生的時候，閉上眼睛，讓你的潛意識來傾聽；你的潛意識知道，也因為你的潛意識知道，你的意識心智就不必知道，可以繼續睡覺不管事，而你的潛意識心智一直保持很清醒。

你的潛意識心智很有潛能，意識心智卻沒有，你潛意識心智可以記得所有發生過的事情，但意識心智無法記得每一件事情；你能容易地忘記，透過忘記某些事情，你才能記得其他事情，記得你需要記得的，忘記你能忘記的，如果你忘記，沒有關係，你不需要記得，你的潛意識心智記得你所需要知道的每件事情，在你意識心智睡覺和忘記當中，你可以讓你的潛

意識心智傾聽，並且記得；繼續閉著眼睛，透過你的潛意識來聽，當你非常非常仔細聽的時候，你的頭就會說「是」。

隨著你用潛意識心智繼續聽著我，你的意識心智睡得更深、更深、更深、更深；讓你的意識心智停留在深睡之中，你的潛意識心智聽著我。

你的潛意識心智很有潛能，意識心智卻沒有，你潛意識心智可以記得所有發生過的事情，但意識心智無法記得每一件事情；你能容易地忘記，透過忘記某些事情，你才能記得其他的事情，記得你需要記得的，忘記你能忘記的，如果你忘記，沒有關係，你不需要記得，你的潛意識心智記得你所需要知道的每件事情，在你意識心智睡覺和忘記當中，你可以讓你的潛意識心智傾聽，並且記得；繼續閉著眼睛，透過你的潛意識來聽，當你非常非常仔細聽的時候，你的頭就會說「是」。

隨著你用潛意識心智繼續聽著我，你的意識心智睡得更深、更深、更深、更深；讓你的意識心智停留在深睡之中，你的潛意識心智聽著我。

（接著做加深和測試，以及催眠後續動作。）

93 直接凝視法

這是一種非常有威力的引導法，但也是最難以使用的方法，因為你必須表現出完全的自信，如果有任何的懷疑、猶豫或恐懼，就會在你的眼睛顯示出來，對象就會看到，也就會妨害他們的反應。

用你的右手食指指著你的右眼，對著對象説：「把你的眼睛瞪在這裡。」當你看著對象眼睛的時候，很重要的是，你絕對不可眨眼，稍微把眼皮瞇起來，不要讓眼球全部暴露；計算數字的速度，和你所看到對象眼睛的反應同步，如果沒有看到任何反應，把建議拉長，如：5——眼皮沈重、鬆弛、疲乏、想睏，感覺到你的眼皮非常沈重；4——你沈重的眼皮開始感覺好像就要閉上了；3——下一次……等等；當你看到對象開始眨眼睛，節拍速度加快説：「現在你眼皮開始閉上、閉上……」然後説以下的話：

現在，我要你看著這裡，不要把你的眼光從我的眼睛移開，除非我要你做，不要移動，不要點頭，或説：「好」，我知道你聽到、瞭解我，你也知道我知道；如果你照著我簡單的引導，世界上沒有任何可以妨害你進入一種非常美妙愉快催眠狀態的事情，而且只要很短的時間。

現在，深深地吸一口氣，把胸部填滿空氣（你自己也深吸一口氣，右手往上比），憋著三秒鐘（手掌面對對象），現在，吐氣（手往下移動）；很好，現

在做第二次,更深的吸氣(手往上移動)、憋著(手
掌面對對象),吐氣(手往下移動);放鬆;好,現
在第三次,深深吸氣(手往上移動)、憋氣(手掌面
對對象)、吐氣(手往下移動)。

（把你的手舉到對象頭部前方大約一公尺,上方
大約半公尺處,手指指著對象)我現在要開始從5往
下算到1,隨著我算每個數字,你的眼皮越來越沈
重、懶散、鬆弛想睏,當我算到1的時候,你的眼皮
閉上,你進入深沈的催眠睡眠,比以前更深沈;好,
5(開始把手指頭往下移)——眼皮越來越沈重、懶
散、鬆弛想睏,4(手指再往下)沈重的眼皮就要閉
上了,(手指再往下)3——下一次你眨眼,就是你
進入催眠的時刻,2(手指再往下)——眼皮開始閉
上、閉上、閉上、閉上、閉上、閉上、閉上、閉上、
閉上、閉上、把它們閉上、把它們閉上、把它們閉上。
眼皮閉上、眼皮閉上、眼皮閉上、眼皮閉上、1。

（把右手放在對象頭顱底端後面,抓著對象的左
手肘,突然往前面拉)說:「睡覺,現在!」

（接下來加深和測試。）

94 掉東西法

本法適用於團體催眠;本方法可以使用一枝筆、
鉛筆或一個銅板,如果你使用銅板,要大家也用銅
板,如果使用筆或鉛筆,大家都使用相同的物件。要

對象用右手拇指和食指把筆或銅板拿緊；在做團體催眠時，你可在適當的時刻讓此物件掉下來。開始本法，說出以下的話：

閉上眼睛，想像在右手食指和拇指之間的這枝筆（銅板）……現在，慢慢地深呼吸……每次你吸氣，都給肺部帶來更多的氧氣，從肺部到心臟，再從心臟到循環系統，通過整個身體，每次吐氣，你越加放鬆，更為寧靜安詳。

放鬆你整個身體，透過你右邊肩膀，下到手臂和手指……很快地，右手的手指會很放鬆，那枝筆（銅板）會從手指間滑下，掉到地上。

當你聽到筆（銅板）掉到地板，開始的時候，可能覺得有一點好笑，但這個掉落碰撞的聲音，反而會使你繼續更放鬆……你會更加享受這種蔓延全身的放鬆感覺。

其他的聲音逐漸退去，你只聽到我的聲音……

放輕鬆繼續在你的身體到處蔓延，從你的頭頂到腳尖，都完全放輕鬆……

繼續放鬆，感覺更自在，你偵測到、感覺到、想像祥和、舒服、寧靜全身如此……用你最適當的方式放輕鬆……

現在，用你的左手拇指緊緊地壓著左手的食指……你現在會覺得整個身體其他部分都更加放鬆，很快地，左手的拇指和食指也放鬆，食指和拇指開始分開……隨著左手的食指和拇指放鬆，拿著筆（銅板）

的食指和拇指也繼續放鬆，那枝筆（銅板）會從你的手滑下掉到地板上……

當那枝筆（銅板）從你的手指間掉下去，你進入更深的催眠狀態，眼睛一直閉著，到我要你睜開才睜開……

（接下來加深和測試。）

95 瞪眼法

這是一種很傳統的催眠引導法，要對象瞪著某個固定的東西，全神貫注；催眠師可以觀察對象的反應，並調整建議的速度與之同步，比方說，當看到對象眨眼之後，馬上說：「你的眼睛有時候會眨眼」，用來加強對象的動作。

瞪眼的物件，可以是某個光亮的點、手指頭、燃燒中的蠟燭、一枝你拿在手中的筆或小棍子，甚至你的手指頭，物件到底是什麼，並沒有太大的關係，其中有一個關鍵要點，就是當你選擇此物件的時候，要讓對象的眼睛往上看大約四十五度，也就是要他眼睛往上吊──眼球往上吊是進入催眠的一種自然生理反應，在此法中，我們反過來用此現象，要對象把眼睛吊起來，他的腦子自然會告訴自己，他已經進入催眠狀態──這是這一招這麼有效的原因。

此外，如果被瞪的物件會有閃爍，如點著的蠟燭，或者，更好一點，某個你可以調整設定閃爍頻率

的發光二極體（LED），而你把閃爍的頻率設定在α波（七至十四赫茲）的範圍，則效果更具威力；製作可調整頻率發光二極體的電路設計很簡單。

我們發現，把這些各種顏色的發光二極體鑲嵌在某碎形（Fractal）畫面內，把閃爍頻率設定好，背景再播放著《催眠音樂》（Hypno Music），對象可以很快地進入催眠狀態，腦波儀上面可以看到β波（十四至三十赫茲）急速大幅下降。接著說以下的話：

瞪著那個物件，眼睛看著那裡不要移開，也不可把眼睛閉起來，除非我要你把眼睛閉起來；當我算到3的時候，深深地吸一口氣，來，1，2，3，深深地吸氣，吸進來，吸進來，吸得胸膛滿滿地，好，憋著，憋著，憋著，好，慢慢地吐氣，再來一次，1，2，3，深深地吸氣，吸進來，吸進來，吸得胸膛滿滿地，好，憋著，憋著，憋著，好，慢慢地吐氣，接下來，你自己做五次這種深呼吸，在你吐氣的過程中，想像你的眼皮越來越沈重，身體越來越放鬆，1，2，3，開始，（以上深呼吸，可以改成6363呼吸法）注意力完全集中在那個物件上，不要把眼睛移開，注意聽我的聲音，你的眼皮會越來越沈重，好像很想睡覺，很睏，再也無法睜開眼睛……注意力完全集中在那個物件上……眼皮越來越沈重，越來越睏……感覺到眼皮慢慢地閉上，慢慢地閉上，越來越睏……當你把眼睛閉上的時候，你就進入了深沈的催眠睡眠……終於把眼睛閉上，進入深沈催眠睡眠，睡覺（彈指）！

眼皮完全睡覺，完全放輕鬆，完全睜不開，也根本不想睜開，整個身體完全放鬆（彈指），放鬆（彈指），全部都放開，你讓自己進入一種自由自在寧靜的放鬆狀態。

96 催眠音樂法

背景播放流水、鳥鳴、蛙叫、風吹樹葉、海浪、打雷等大自然聲音的催眠音樂，如《催眠音樂》光碟；透過配合使用催眠性的音樂，可使催眠引導的速度增快很多，對象更容易進入深度的催眠。

有些催眠師只會播放催眠音樂，希望透過這些音樂，讓被催眠者產生寧靜放鬆，以期被催眠對象進入催眠狀況；不過，在一小時的催眠會期中，如果光是聽音樂就聽了四十五分鐘，被催眠對象會怎麼想？（我花錢來聽音樂的？）因此，催眠音樂不應該是主要的催眠引導法，可是，這些音樂可當背景音樂，配合著催眠師的引導使用，會是很好的輔助工具。

再者，催眠音樂法也可配合前面所介紹的瞪眼法，兩者相輔相成，相互加強其效果——實際上，這是一種整合全方位的催眠環境，從我們的經驗來說，從開始引導到對象進入催眠狀態，往往在三分鐘之內，快的大約只要半分鐘左右。

97 森林小溪法

以下的催眠引導文稿，以催眠師使用流水樹葉聲的催眠音樂為背景音樂：

準備好享受這種美妙有益的經驗，把所有身上緊綁的衣服鬆開，讓自己很舒服地躺（坐）著……

把眼睛閉上，深深地吸氣，憋著三到四秒，然後慢慢地吐氣……（隨著對象的反應暫停）

再來一次深深地吸入，慢慢地吐出去……重複做五次或六次……

隨著你吸氣的時候，你的身體吸收更多的氧氣，隨著你吐氣，讓你的身體越來越放鬆，越來越放鬆……（暫停、觀察）

現在，你自由自在地呼吸，感覺到自己越來越寧靜、安詳……

從你的反應，出現了表示你進入一種非常深沈、祥和、放鬆狀態的徵象……隨著我繼續對你說話，你繼續放鬆更安詳……根本不管你有多麼放鬆，只是很高興繼續越來越放鬆、越來越安詳、越來越自在……繼續自由自在地呼吸……

你的潛意識總是知道我對你說什麼，因此，對於你的意識有沒有聽到我的聲音，也就越來越不重要……

你的潛意識心智和所有內在的心智，都能聽到並且接受我告訴你的每一句話，而你的意識心智能完全

放鬆……

你繼續經驗完美的心智安詳，而且可以感覺到進入我即將描述的情境……它會自動發生，你根本不必意識上去想……

（打開背景鳥鳴流水音樂，暫停說話半分鐘。）

現在，我要你想像，在某個完美的夏天，你舒服地躺在森林裡一條清澈小溪旁邊……

微風徐徐吹來，空氣清新，安詳的流水淙淙聲很令人放鬆……

你意識上聽到我的聲音，越來越不重要，因為你的潛意識心智和所有的內在心智，都在傾聽接受我所說的每一句話……

在你的心智裡面，正在享受大自然美景，太陽光從樹梢間穿過，你聽著美麗柔和的流水聲音，遠處鳥兒唱著歌……

你躺在那裡，舒服地放鬆……非常安詳，以至於你感覺到越來越放鬆，這輩子從來沒有經驗過的放鬆……

隨著你繼續享受這種安詳、愉快的經驗，一種很舒服的睏倦，蔓延到你的整個身體，從你的頭頂到你的腳尖……

你繼續感覺更安詳、更放鬆、更安全……

你現在躺在那裡，眼睛閉著，你非常放鬆舒服快樂，你繼續進入一種更安詳更飄離的狀態……

好像你漂入了睡眠狀態……

有時候，我的聲音聽起來好像是從很遙遠的地方發出來……有時候，當我對你說話的時候，你意識上不會察覺到我的聲音，沒有關係，這完全正常，因為你的潛意識心智一直繼續接受我所說的，遵照我告訴你的每句話去做……

從現在開始，你只會接受正面思想觀念和感覺的影響……

下面這些思想出現了……我寧靜、安全、放鬆……我舒服自在……任何時候我都主控著……我對我的身體負責，總會善待我的身體……在每日正常生活中，我的心智讓我放鬆安詳……

（以下是催眠治療範例。）

你的潛意識心智和所有的內在心智，現在可以檢查造成你困擾的原因，評估所有的情況，找出一種你所喜歡的解答……

你會很高興發現，你每天都有改善，很確定是永久有效的改善……

當你的內部心智瞭解了造成問題的原因，和你可以排除那個問題之後，你的一根手指頭會舉起來，指著天花板，一直舉著，到我要你放下才放下。

（當對象的心智在評估，你在等待手指頭舉起來的時候，給予針對該問題適當的建議。）

98 吉爾·波恩調適法

這是一種由下到上的逐步放鬆法，從腳尖一路往上到頭頂，逐一放鬆下來。吉爾·波恩（Gil Boyne）是當今很有名的催眠大師。以下是其說詞：

你即將享受一次很愉快、很有益處的經驗。

首先，請確定不受干擾。

其次，脫下鞋子，解除任何會影響你身體舒服的衣服。

第三，現在，伸背，把腳打開，讓小腿和大腿不要相互接觸，雙腳分開大約二十公分左右，雙手鬆軟地放在身體旁邊，手掌向下，手指頭鬆軟伸出。

一旦開始，你保持著安靜、被動的狀態；我們第一個目標是，讓你不注意到你的身體，為了達成這個目標，你最好不要動。

我首先要你把眼睛瞪在天花板上某個點上面，找出一個想像的點，不要移動肌肉，瞪著那個點。

現在，深深地吸一口氣，把肺部填滿，慢慢地吐氣，現在，睡覺。

現在，第二次更深的呼吸，吸入你肺部所能容納的所有空氣，慢慢吐氣，現在，睡覺。

現在，把眼皮閉上，現在，你的眼皮閉起來，讓它閉著，一直到我要你再睜開才睜開；除非我直接給你指令，告訴你眼睛黏住了，你總能睜開眼睛，但我不會這麼做；催眠是一種心智狀態，而非眼皮的情

況。

　　現在，我要你在腦子裡想像，你看著你左腳拇指尖的肌肉，在你的想像中，順著連接到腳跟的肌肉，在你的想像中，順著連接到腳跟的肌肉，回到腳弓，一直到踝子骨，現在，把這些肌肉都放鬆，讓它們鬆軟懶散，就好像一堆鬆散的橡皮筋。

　　現在，隨著這些肌肉放鬆，也讓你的心智放鬆，讓心智隨意漂流，讓你的心智漂流到想像中愉快的場景。

　　現在，讓放鬆往上移動，進入踝子骨，現在，從踝子骨再往上，一直到左邊膝蓋，左小腿肚肌肉開始鬆弛柔軟……沈重，非常放鬆。

　　所有的緊張退掉了，隨著每次的呼吸，你更加放鬆，開始更深沈地呼吸，就好像每天晚上熟睡中呼吸一樣；只要想像你看見你的呼吸，有如一團霧，從鼻孔噴出，每一次你吐出這團白霧，越來越不緊張，進入更深、更深的愛睏放鬆。

　　現在，從膝蓋，繼續往上移，一直到臀部，長長的大腿肌肉放鬆了、鬆散，現在完全放鬆，現在，隨著這些肌肉放輕鬆，更加放鬆，溫和地、寧靜地、自由地漂進一種自在放鬆的狀態。

　　現在，讓幾分鐘前從左腳拇指尖開始的放鬆波浪，移進右腳的拇指，穿過腳弓，一直到腳跟，把那些肌肉都放鬆了，進入更深、更深的放鬆。

　　進入踝子骨，放開肌肉，從踝子骨往上移到右邊

膝蓋，小腿肚肌肉放鬆，放開。

　　隨著每一次的呼吸，你更加放輕鬆，隨著每個你所聽到的聲音，都帶你進入更深、更深、更沈的睡眠。

　　從右邊膝蓋，一路上移到右臀部，右大腿長長的肌肉放鬆懶散，現在，隨著這些肌肉放輕鬆，進入完全深沈、更深的愛睏懶散。

　　把這些肌肉都放得完全輕鬆，進入更深的睡眠。

　　現在，放鬆的波浪再往上移，進入肚子，現在，進入丹田，也就是神經能量中心，每塊肌肉、每條神經，放開緊張，完全放鬆；你漂進更下去，更下到睡眠中，下去，更深進入睡眠中。

　　上移到肋骨，肌肉放鬆，進入胸膛大肌肉，胸膛的肌肉完全鬆軟懶散，非常放鬆，所有的緊張退掉了。

　　你現在放鬆了，隨著每次心跳，更加放鬆，進入更深的催眠睡覺。

　　再往上進入脖子，放開肌肉，在整個脖子附近所有的肌肉都放輕鬆，就像你每天晚上熟睡那麼放輕鬆，把它們全放散掉，進入更深、更深的熟睡；現在，讓這種放輕鬆開始從背部往下移動，從頭顱底端出發，沿著脊椎往下，沿著脊椎的每一塊肌肉、每一根神經，都解除緊張，放鬆，進入更深，更深、更深進入睡覺，更深進入熟睡。

　　放鬆的波浪擴展蔓延整個背部的所有肌肉，橫跨

腰部，遍布肩膀，把背部每一塊肌肉和每一條神經都放鬆開來，進入更深、更深的睡眠。

進入肩膀，放開肌肉，從肩膀往下，進入雙手的手肘，放軟手臂的肌肉，放開，現在只要放鬆。

從手肘往下，到雙手的手腕，前臂的肌肉，都鬆軟懶散。

雙手從手腕到指尖，每一塊肌肉每一條神經，都把緊張放走，放輕鬆，更往下進入，更深更深熟睡。

現在，放鬆往上移入下巴，所有下巴的肌肉放鬆，稍微張開下巴，上下牙齒分開，整個嘴巴附近的肌肉全都放開。

現在，繼續往上移，放鬆到鼻子，每一根神經都放開，在眼睛附近整個部位，肌肉沈重，非常放鬆，甚至你的眼皮也都放輕鬆了，經過前額，把這裡的肌肉拉平了，再經過頭殼，下到脖子後端，從頭頂經過太陽穴，下到耳朵後面，所有的肌肉都放鬆懶散——就好像一堆鬆散的橡皮筋。

你現在可能感覺到，在腳拇指有一種愉快麻刺的感覺——一種愉快麻刺的感覺，越來越強烈，現在，伴隨著你整個身體完全沈浸在終極完美放鬆的愉快妙境。

現在，你完全放鬆了，你身體每一塊肌肉和神經都鬆散鬆弛，完全放輕鬆，感覺很好。

99 魔術形狀法

適用於五到十歲小孩。以下是其說詞：

我要你現在很注意我對你說的話，不可以移動你的頭，只要在椅子上很舒服地坐好，接著我要你往上看著天花板，找到一個小點，那個小點很有趣，它會把你放鬆，當你看著那個魔術點，你可能會注意到它開始變形，當你看到那個點開始魔術變形，就告訴我……（等孩子反應。）

現在繼續看著那個點，你可能很快注意到，它開始魔術變色，當你看到那個點開始魔術變色，就告訴我……（等孩子反應。）

隨著你看著那個魔術點，你繼續更加放鬆，很快地，你注意到你的眼皮開始放鬆，好像眼睛想要閉起來……

不要移動你的頭，現在，只要移動眼睛，找另外一個天花板上的魔術點，注意到當你找到那一個新魔術點的時候，你的眼皮越閉越小，也注意到，在你閉上眼睛之後，你還是能看到那個點……

隨著你的眼睛閉著，注意到那個點開始變形，很漂亮，甚至有閃光或光芒，隨著你眼睛閉著看它，它不停地改變形狀……

你越是閉著眼睛看那個點，你越是繼續更放鬆……很快地，你會發現，那個點越變越小……當它開始變小，告訴我……（等孩子反應。）

現在，注意到它完全消失了，隨著這個魔術點消失，你越來越睏……

100 相信朋友法

適用於五到十歲小孩。這個方法最好用於催眠治療，使用一位善解人意又能瞭解的朋友，對於讓小孩子說出問題，很有幫助，要小孩子閉上眼睛，假裝到一位新的朋友那裡去，或許這位朋友是一隻可愛的小狗或小貓，或是一隻令人想擁抱的小兔子。以下是其說詞：

現在，繼續閉著眼睛，假裝你很喜歡和你的朋友在一起，你是一位很特殊的人，你和這位朋友在一起，你可以放輕鬆自得其樂，感覺寧靜、安詳、安全……

隨著你和你朋友在一起玩得很愉快，你只聽我的聲音……現在，我要你告訴我一些關於你這位朋友的事情……（暫停，讓他描述這位朋友。）

現在，問你的朋友，我們要怎麼叫他的名字……告訴我你朋友的名字……（等待反應。）

（以下可用於一般治療，套用到某特種情況。）

好，太好了……現在你更加放鬆，我要你請你的朋友來幫助你……你的朋友知道你的問題，你的朋友也能告訴你如何完全消除那個問題……

當你的朋友告訴你如何消除你的問題，我要你舉起一隻手，指著天花板……（等待反應。）

你繼續更放鬆……隨著你開始感覺到整個身體很睏倦，帶著你的朋友一起來。

現在，你看到自己已經有改善了……你正在消除那個問題……現在，就是現在，你經驗到一些愉快的改變，在我要你睜開眼睛完全醒過來之後，你還會繼續改善你的問題。

從你的朋友，你學習到越來越多……現在你知道你的朋友很愛你，很關心你，完全盡力幫助你消除那個討厭的問題……

你也知道，將來任何時候，你都可以隨時回到這位朋友這裡，你的朋友也會幫助你。

101 誤導法

本法適用於過度緊繃或潛意識上不願意被催眠者；要點是讓對象根本不要去想催眠，然後進行快速催眠；所謂的誤導，來自生理上不可能同時睜開眼睛，又同時眼球轉到頭後面；為了讓對象接受本方法，你或許可以跟對象描述本測試只是放鬆練習，可以幫助對象將來容易進入催眠，描述本神祕方法需要每天練習好幾個禮拜，也需要有好的想像力，描述如下的引導法是一種「想像練習」。

要對象舒服放鬆地坐著，手放在膝蓋上，身體被動放鬆；在以下的過程中，如果對象回答「是」，則接下去進行，如果答案是「否」的話，則告訴對象

諸如：「不要對自己那麼嚴格，放鬆一點」等開導的話，然後繼續下去。以下是其說詞：

只要坐下來放鬆，你的想像力好嗎？（若「是」，則接下去；若「否」，則先開導他，不要那麼緊繃，然後接下去。）換句話說，你能不能閉上眼睛想像某場景？或在你的眼前想像看見某景致？（若「是」，則接下去；若「否」，則先開導他，然後接下去。）好；我們用幾種方法來測試你的想像力，我會描述我要你想像看見的場景，然後你閉上眼睛想像看見我剛才說的場景，我接著會問你幾個你所看見的問題。

（以下是場景的範例，如果對象不熟悉，改用其他）你開車嗎？（若「是」，則接下去；若「否」，則更換項目。）好，閉上眼睛，想像你站在你車子前面，現在，當你看得很清楚的時候，點頭讓我知道（等待點頭。），很好，打開車門，坐到駕駛座上，往前看，車速錶是否在你正前方？在右邊？或左邊？（等待回答。）車速錶是圓的？半圓的？水平？或垂直的？（等待回答。）太好了，車速錶裡面表示車速的針是什麼顏色？（等待回答。）

很好，現在睜開眼睛，你都能看得很清楚嗎？（等待回答。）現在，我們來用另外一種測試方法，透過這個測試，我們就可以進一步瞭解你的想像力；這一次，當你把眼睛閉上之後，想像你在游泳池、海邊、水塘、湖裡或海洋中游泳，閉上眼睛（如果對象不會游泳，改用其他場景）。

　　現在，我要你想像你在游泳的那個地方，當你在腦海裡面看到那個地方，點頭讓我知道（等待點頭），好，很好，現在四周看看，告訴我你看到什麼？（等待描述。）有沒有看到別人？（若「是」，要他選出其中一人描述出來，若「否」，要他描述場景中某東西。）

　　（這一段是實際的誤導。）太好了，睜開眼睛，你能清楚看到腦海裡的畫面嗎？這表示你有很好的創造想像力，因為在那情況中，我對你說某事，而你就把畫面創造出來了；現在，我們到另外一邊，看看你想像某個簡單物件的能力有多好，這次，當你閉上眼睛，想像你看著滿月。

　　把眼皮閉上，現在，我要你想像，你或是坐在戶外，或在車內，或在海邊，或從臥室看出去，現在是晚上，你正看著圓圓的滿月，為了讓你看到滿月，我現在要你還是把眼睛閉著，把眼球往後轉，把眼球轉到頭後面，就好像你能看到天上的滿月（輕輕地碰對象前額），回到你前額中間。

　　（速度加快，不要中斷念出以下句子。）把你的眼球轉到頭後面在其中眼皮緊緊地閉著你越試著要睜開眼皮眼皮黏得越緊現在試著睜開眼皮眼皮黏得越來越緊，現在，不要試了，放鬆睡覺；讓這種美好愉快的感覺滿布你整個身體，身體每塊肌肉、每條神經都鬆軟放鬆，呼吸自在深沈，從你的頭頂到腳尖，完完全全深沈放鬆。

102 爬山法

　　要對象先寬鬆衣服，不要讓身體任何部位被衣服緊綁著，要對象舒服坐著（斜躺著），眼睛閉起來，深呼吸。以下是其說詞：

　　現在，放輕鬆，眼睛閉起來，深呼吸，吸進來……

　　繼續深深地吸氣，慢慢地吐氣，重複五、六次……每一次你吐氣，你整個身體就更加放鬆……感覺更寧靜……更祥和……更自在……

　　隨著你放輕鬆，我要你用你的想像力，想像你躺在一塊柔軟綠色草原上，陽光暖和地照著、清風徐來吹過你的身體……你繼續感覺更加舒服自在……

　　在你四周，漂亮的野花四處盛開著……你看到野花隨風飄揚……聞到野花淡淡的香味……

　　現在，在你的心智裡面，我要你站起來……看著北方，看到草原盡端的這座山……我們一起去爬這座山……你四周看看，看到有一條小溪在你右邊流過……你跨過這條小溪，彎下腰來，把手放到水裡，注意到水很清澈、乾淨、涼快，讓你感覺清新，注意聽溪水流動的聲音……

　　因為這條溪來自這座山，我們就沿著溪往山上去……我們一路走，沿著溪流，來到了這條溪的源頭水池……你彎腰把手放到水裡，注意到水很棒很暖和……因為你在此心智位置，你很會游泳，我們決定

到水裡面去游一會兒泳……你的身體安靜地在水裡游來游去，感覺到水是溫暖的……很讓人舒爽，好享受哦……不過，現在我們要上來，繼續爬山……一路上聽到鳥的叫聲……聞到松樹的味道……偶然間，你還可以從樹木之間看到草原……我們現在已經爬到半山腰了……看到左邊有一棵倒下來的樹，我們決定休息一下……在這裡，可以看到整個草原……景致實在太漂亮了……現在，我們要繼續上路爬山……你可以想像，到了山頂之後，就能看見下面的整個草原，更加漂亮……

微風徐徐吹來，你注意到松柏樹所發出的香味，我們已經快到山頂了……只要再走幾步路，我們就到山頂……在另外一邊，你可看到很深的山谷……在這邊，你能看到草原……

就在前面，你看到了一個指標……你走近過去看，上面寫著：「對著下面的山谷發出你的問題，天空就會寫出你所要的答案」……

你決定了你要對下面山谷提出來的最重要問題……一旦你做了決定，你發出問題，然後看著天空找尋答案……（暫停一兩分鐘，讓對象接受答案。）

現在是下山回到草原的時候了……你看到太陽在你左邊山頭開始下山……天黑之前，我們有充分的時間下到草原，但我們不能再耽擱了……

我們一路下山，森林間看到了幾隻小鹿……我們已經下了一半的山……再度坐在倒下來的樹上，稍微

休息幾分鐘……看到正在形成的夕陽晚霞……我們繼續下山……你可以聽到小鳥的叫聲……現在，回到了水池，從水面上看到西下日落的影子……繼續下山，沿著美麗清爽的小溪……現在，我們回到了草原，再度躺在舒服的草地上……你可以聞到野花的香味……現在，你準備好了，接受我在把你從催眠狀態喚醒之前，所要給你的建議。

103 無聲第一法

要對象坐著，把雙手伸出，手高於眼睛，平行，手掌分開大約六十公分；催眠師在對象前面來回從一邊走動到另一邊，首先稍微調整對象的右手，然後走到另一邊，稍微調整左手。

首先把右手手肘略略彎曲，讓手稍微往內、往下彎，同時讓右手手肘稍微往外，然後催眠師走到左邊，重複同樣的動作於左手；每次調整姿態後，都稍微停止幾秒鐘，觀察該姿勢，此動作讓催眠師觀察對象的反應，並給自己時間來做新的姿勢調整。

再一次走到對象的右邊，把右手再稍微往下調整，幾秒鐘之後，走到左邊，調整左手；這些姿態的調整，不停地給予「往內往下」的信息，往自己的內部，往下到一個更沒有知覺的程度。

最後，當雙手幾乎碰在一起，快要碰到腿上的時候，催眠師抓起雙手手腕，用力快速往下拉，這時

候，通常對象的眼睛會閉起來，頭往前點下來到胸膛；如果沒有如此，催眠師把對象的眼皮拉下，從頭後面推下去，給予「往內，往下，閉上眼睛，進入深沈放鬆催眠狀態」的強烈建議。

在整個過程中，沒有說一句話，但是整個引導，透過一系列的姿勢空間變化而達成；若要除去催眠師所加給的催眠狀態，只要反過來做，首先把他的頭抬起來，然後把左手抬回到用力拉之前的位置，接下來，一次一隻手返回動作，現在所有的動作往外往上，傳達「從你自己出來，回到意識狀態」的訊息，最後雙手回到原本的位置，對象的眼睛睜開，頭完全抬起來。

104 無聲第二法

對於任何準備好被催眠者，本無聲引導法都能達成；催眠引導的關鍵之一就是，正確使用催眠前建議，以下是催眠前建議的範本：

催眠師：你想要經驗催眠嗎？

對象：是的。

催眠師：我要你只要讓事情發生，不要刻意去使任何事情發生，不要攔阻任何事情發生，同意嗎？

對象：好吧……

抓起對象的手，就好像要和他握手，把他的手拉直出來。

要對象瞪著你的眼睛，開始慢慢把手往上往下移動十公分左右，你的眼睛要一直瞪著對象的眼睛。

當對象開始眨眼，中止你上下的手移動，稍微把手往下推。

一直到對象又開始眨眼睛，回到手臂上下的移動，再一次，當對象開始眨眼睛，就把手稍微往下推。

你會發現，沒有多久，對象的眼睛就會完全閉起來，此時把他的手推到身邊。

105 非語言引導法

要求對象閉上眼睛，放鬆；接著，以手指頭碰被催眠者的身體，從頭部慢慢往下，不要固定某種格式，亦即，讓被催眠者猜不出接下來會觸摸哪裡，同時，在某些碰觸的時候，三不五時，夾雜著某種聽不懂的怪聲，最後，把被催眠者的頭往下按，進入催眠狀態。

做這種催眠引導方式的時候，需要考慮被催眠者的性別，否則可能會被指控「吃豆腐」（性騷擾）的麻煩；本法的原理，是個非常典型的信息單位超載，被催眠者眼睛閉著，不知道也無法猜測接下來催眠師會碰哪裡，同時，又有很奇怪、聽不懂的聲音，完全搞混了，此時，被催眠者的潛意識會自己給自己非常大量的信息，產生信息單位超載的現象。

106 眼睛僵直法

（變化：把你的右大拇指輕輕地壓在對象的鼻梁上。）我要從 5 往下算到 1，隨著我算這些數字，你的眼皮緊緊地閉著，以至於你越試著睜開，眼皮就閉得越緊。

5，你的眼皮緊緊閉著。

4，緊緊地閉著，好像黏在一起了。

3，眼皮好像被強力膠黏住了。

2，眼皮完全卡住了，你越是嘗試要睜開眼睛，它們就黏得越緊。

1，好，完全黏住了，試著睜開眼睛，發現你越試，它們黏得越緊，很好，現在可以停止嘗試了，放鬆，進入更深。

107 失憶法

本法可用於清除心智或失憶，只是把「空蕩房間」改成「忘記房間」；也就是在「忘記房間」內所給予的任何建議，不會被意識心智記得，但是對象還是會照著做，同時，也給予「你越是想記得建議，越是記不得建議是什麼」的建議。以下是其說詞：

我要你想像現在站在一幢房子前面，這是一幢很特別的房子，十二尺高，十二尺寬，三十六尺長，總共有三個房間，前後排成一排，整幢房子坐落在地下

室上面，有三個台階到屋子前面。

　　我要你走到屋前，打開前門，走進第一個房間；這個房間很奇特，因為房間內只有一件家具，一張躺椅。

　　地毯、牆壁、天花板和椅子上所有的布料，都是美麗的陽光黃，這是黃色房間。

　　躺椅看來好舒服，你走過去，坐下來，斜躺下來。

　　你感覺到非常放鬆，隨著你放鬆，你讓心智漂流到過去一個月內某一次愉快的經驗，過去一個月內某愉快的經驗（暫停十五秒）。

　　現在，那個記憶讓你感覺到更加放鬆，但是，現在需要站起來，走到第二個門，走進去。

　　這個房間和第一個房間幾乎完全一樣，只是顏色是黃金色，這就是黃金色房間，在房間中央，也有一張斜躺椅。

　　因為你第一次的經驗很好，你再度走到躺椅邊，坐下來，斜躺下來，隨著你斜躺下來，你回想到過去一年十二個月內某件愉快的記憶（暫停十五秒）。

　　好，又是站起來的時候了，走進第三個房間。

　　這是藍色房間，除了顏色之外，完全和前面兩間一樣。

　　你走到躺椅旁邊，坐下來，斜躺著；當你斜躺下來，發生了很有趣的事情，這張椅子放在油壓機上面，慢慢地往下沈，下到地下室，你正往下沈，更深

往下沈，很放鬆舒服地斜躺著，現在，油壓機停止
了，你下到了地下室。

現在，你從椅子上站起來，前面有個門，上面寫
著：「空蕩房間」，你走到門前，轉動把手，走進去。

當你走進去的時候，你的眼睛瞇起來，你猶疑，
因為此房間很暗，而身後的門關上了，你腳下有一種
奇異的感覺，因為你站在十公分厚的泡綿地板上。

現在，門已經關上了，你的眼睛慢慢適應了黯
淡，看到房間內有某種玫瑰色的亮光，你往前走幾
步，決定要坐下來，現在，你坐下來了，感覺到柔軟
的泡綿，十公分厚，舒服地包圍著你，因此你決定躺
下來。

現在，所有的光線都消失了，整個房間空蕩無一
物，你喜歡這裡，空蕩無物蔓延到你心智，你的心智
充滿了空蕩無物（暫停十五秒）。

108 睡覺催眠法

調暗臥房，請催眠對象準備好上床，鑽進被窩，
閉上眼睛，聽你講關於睡覺的話（若你希望的話，可
以把公式念出聲來）。

「好，你很想睡個好覺，這個想法很好，你真的
會睡個好覺，因為你即將吃一顆精神性的安眠藥，它
會給你一個美妙、健康、休息性的睡眠。」

「你準備好要睡覺了，因此，開始打個大呵欠、

打呵欠、打呵欠，看！打個大呵欠有多麼美妙，放鬆你全身，你準備好要睡覺了。」

「現在準備去睡覺而不要試著去睡覺，只要鑽進床裡，閉上眼睛，想你有多麼放鬆，你感覺全身有多麼舒服，你要去睡覺，有多麼好。」

「只要放開，放鬆全身，放鬆全身，舒服地在床上，每一方面都很舒服，放鬆、放鬆、放鬆，只要放開自己，只要讓你的心智飄移，容許任何思想飄進來，也讓這些思想通過，安靜地放鬆，讓心智和身體完全寂靜。」

「現在，透過你的鼻子深深地呼吸，做一個深呼吸……憋著……然後，慢慢吐氣，同時，讓你的心智飄移、飄移、飄移，讓你的心智安靜下來自由自在，放開一切！」

「再吸進來，隨著這次呼吸，注意到生命活力進入你的身體，當你睡覺的時候，再度把你活化，當你睡覺的時候，當你睡覺的時候，當你睡覺的時候。」

「好棒，好愉快，好舒服，只要放開，去睡覺。」

「睡覺、睡覺、睡覺、只要放開，去睡覺、去睡覺、睡覺、睡覺、睡覺、愛睏睡覺、只要放開，去睡覺。」

「你去睡覺，不必試著去睡覺，只要去睡覺，而不必試著去睡覺，睡覺、睡覺、愛睏睡覺，現在，愉快地去睡覺。」

「飄移、飄移、飄入休息性睡覺領域……根本不

管漂到哪裡,飄入睡覺的領域,只要漂流、漂流、漂入睡覺。」

「因此,只要放鬆……放鬆……放鬆,去睡覺,你感覺很棒,感覺有多麼平靜,你放鬆下去,越來越下入舒服的床……你繼續放鬆下去,進入睡覺的領域,你整個身體完全地放輕鬆……你察覺到此深沈放鬆,漫遊到你身體的每一個部分,同時你沈入、下去,下到更深,進入這種美妙的放鬆,漂入睡覺的領域。」

「現在,集中思想於全身放鬆,突然間放開、放開,全身每一塊肌肉突然間放開,完全放輕鬆,當你的身體完全放輕鬆,你的心智也完全放輕鬆……你漂入睡覺的領域。」

「你感覺全身到處很舒服,你深深地和韻律性地呼吸,每次呼吸使你越來越愛睏、睡覺、睡覺、愛睏睡覺,在各方面,你感覺因此平靜舒服……呼吸進來深沈全滿……深沈全滿,每次呼吸,讓你下去更深更深,進入睡覺的領域。」

「你深沈睡覺放鬆,你感覺全身美妙很好,你經驗美妙的寧靜,穿透整個身體……每次呼吸,送你下去更深,更深沈睡覺,睡覺、休息、睡覺、休息、睡覺、休息,沈下去,很快入睡,睡覺、休息,深沈自由呼吸,深沈自由呼吸,很快入睡,心智和身體完全放鬆,你完全和平休息……深深地進入美妙的休息性睡覺、睡覺、很快入睡。」

「你感覺有多麼的好啊，有多麼安靜平靜啊，因此，現在繼續，如此休息，深沈睡覺，整個晚上。」

「睡覺、睡覺、睡覺、睡整個晚上，在每一方面，你身體恢復活力，只要繼續如此睡覺整個晚上，當你早上醒來，你會知道，睡一晚好覺，會有多麼好，你已經睡一晚好覺，在早上任何你想要的時候，你可以醒過來，不要急，只要慢慢來，當你想要的時候才醒來。」

「你嘴巴帶著微笑醒來，你的心快樂，有多麼美妙，你感覺再度清爽，睡了一晚好覺。」

音樂漸起，柔和繼續……然後，漸漸消失。

109 活力催眠法

（拷貝圖案，貼在厚紙板上，方便隨時使用。）

讓催眠對象放鬆舒服，把這個圖案拿在眼睛前大約三十公分，稍微比眼睛高一點，凝視著中心黑點，要他們凝視並放鬆、凝視並放鬆、凝視並放鬆，同時要盡量長久睜開眼睛不可眨眼，在中央點會出現一個幻影，一分為二，指出心智已經寧靜，準備好可以帶入催眠狀態。

當這個發生的時候，請催眠對象給你一個舉手指的訊號，告訴他們，現在，閉上眼睛，但是容許影像繼續在他們心智內，它將漸漸漂開，伴隨著你建議放鬆和睡覺，當他們呼吸加深的時候，建議他們掉入催

眠。

建議：「隨著你的呼吸變成深沈全滿，每一次你呼吸，把你送下更深，更深進入催眠放鬆，現在，想像看見一堆能量，像個發光燈泡的大小，形成在你脊椎底部，在你的心智，看它明亮地發光，現在，也感覺它，在你身體的那個部位，從那裡發光的光感覺溫暖，你是否成功地經驗這個？當你感覺到，就舉手指

給我訊號。」

　　等待這個肯定，然後繼續：

　　「好，感覺它的溫暖，它提供生命活力帶入你的生命，現在，你準備好要移動這個光，透過你的身體，從一個器官到另一個器官，帶給你美妙、健康和力量；都準備好，讓我們開始；1、2、3。」心智喜歡以暗示「1、2、3」開始某個運作——從過去長期習慣養成的。

　　「現在，想像看見能量從你脊椎的底部，移上你的脊椎，一直到你的頭頂。」經驗它，在步驟之間放鬆。

　　「現在，想像看見能量發光在你頭頂，移下到你眼睛之間，一直下到你鼻子尖端。」經驗它，在步驟之間放鬆。

　　「現在，做一次深沈呼吸，把光吸進你的鼻子，想像看見它下去，進入你喉嚨，繼續進入你的肺，在你心智看你的肺如光強烈地活著」。經驗它，在步驟之間放鬆。

　　「現在，想像能量滲入你的肺——填充你肩窩之間的所有空間，你的肺充滿光活著，你的肺充滿能量活著。」經驗它，在步驟之間放鬆。

　　「現在，用你的心智移動能量，從你肩窩下去，到你的手臂，到大拇指，感覺你大拇指溫暖，開始悸動，然後，從你的大拇指，想像看見能量在你大拇指和其他手指之間點火花，如同電流放電，一直到你的

手以能量活著。」經驗它，在步驟之間放鬆。

「現在，移動能量從你的手背，上到手臂再到肩膀（暫停），然後移動能量，跨過你肩膀到脖子，就是下顎和臉頰交會處，感覺你的臉頰變紅。」經驗它，在步驟之間放鬆。

「現在，移動能量從你的臉，經過身體前面下到肚臍，然後移到在盲腸區域內的一點，就是在肚臍右邊。」經驗它，在步驟之間放鬆。

「現在，移動能量往上到小腹右邊，移動進入結腸……把任何阻礙在那裡的泡在光和治療之內。」經驗它，在步驟之間放鬆。

「現在，移動能量從結腸出到直腸。」經驗它，在步驟之間放鬆。

「現在，想像溫暖麻刺的能量，流通過你的性器官，產生挑逗性的性感覺，從性器官移動能量直上，沿著身體前面──往上往上一直到它涵蓋著下巴，現在，讓它分開，移動過每一個臉頰，剛好在每個眼睛底端之下。」經驗它，在步驟之間放鬆。

「現在，從你的臉頰，想像看見能量流通下到臉頰超過下顎邊，再度下移，一路下到你的肚臍；在做這個的時候，把肚子浸泡在能量中，協助每一個消化和排泄過程，感覺你的胃發光……以活力填充你整個存在中心。」經驗它，在步驟之間放鬆。

「現在，往下移動能量，到任何一邊，或小腹，繼續經過鼠蹊，繼續往下移動它，沿著小腿前面，讓

它一直到雙腳，移到第二個腳趾頭。」經驗它，在步驟之間放鬆。

「現在，讓能量從一腳趾跳到另一腳趾，一直到所有的腳趾頭感覺麻刺，想它，你就會感覺到；最後，讓能量跳到每隻腳的大拇指。」經驗它，在步驟之間放鬆。

「現在，移動能量往上，到雙腳的踝子骨，繼續往上到每隻腿。」經驗它，在步驟之間放鬆。

「現在，讓能量移入大腿內。」經驗它，在步驟之間放鬆。

「現在，移動能量再度經過鼠蹊，然後分開讓它往上走過每一邊身體的中心，繼續移動上到每個肩窩之下。」經驗它，在步驟之間放鬆。

「現在，讓能量移到胰臟區域，在小腹左邊剛好在胸腔底端之下，感覺這整個區域變成溫暖並填滿了光，感覺在身體此區域，完全沒有緊張，完全自由了。」經驗它，在步驟之間放鬆。

「現在，讓能量，就是你的氣息生命力，移到身體中心，繼續到心臟，感覺你的心臟填滿了能量——在各方面治療心臟，以愛每個人和每件事情的情緒充滿它，讓能量浸泡你的心。」經驗它，在步驟之間放鬆。

「現在，移動能量再度回到肩窩……然後移下到每隻手臂之內，經過手掌到手指，感覺手指刺痛。」經驗它，在步驟之間放鬆。

「現在，移動能量往上，到手臂背面，到手肘外邊⋯⋯再度上到肩窩，繼續經過肩膀。」經驗它，在步驟之間放鬆。

「現在，移動能量經過下顎骨頭，把它埋葬在兩邊臉頰內，然後，想像能量鑽入每個耳朵很深的中心。」經驗它，在步驟之間放鬆。

「現在，移動能量到你的『第三隻眼睛』，在眉毛之間的中央點，想像在此中心發光，像一顆星星爆發出光線，讓那光從這個中心繼續移動到頭頂，讓整個頭以這個力量發光，然後在你心智的眼睛看它，當作已經產生的力量，作為一個能量探照燈，從頭頂遠遠照射到太空，你整個頭以能量發光，你的腦子以能量發光發光⋯⋯能量給你帶來真理的知識，啟動你直覺特異功能的能力。」經驗它，在步驟之間放鬆。

「現在，你知道已經在各方面幫助了你的身體，你已經把它填滿了活力。」經驗它，在步驟之間放鬆。

「現在，休息並感覺你整個身體帶著活力活著，以能量發光。」經驗它，在步驟之間放鬆。

「現在，讓你自己裡面的能量漸漸地退落，沈入休息，你將從這個休息漸漸地回到完全清醒：掌控你的人生，過程完結，現在，和我回到當下，正如你所希望。」經驗它，在步驟之間放鬆。

110❀ 表意馬達催眠引導法

請催眠對象拿著小擺錘，要催眠對象舒服地坐在椅子上，請催眠對象想，同時你引導：

「想著打呵欠、打呵欠、打呵欠、打呵欠（催眠對象將打呵欠），想你感覺多麼放輕鬆舒服，想，把一切放開！想，你正掉入催眠幻想中（催眠對象調整身體到舒服的位置）。」

請催眠對象拿著擺錘在眼睛前面，告訴催眠對象去想，在他眼前擺錘開始來回擺動，告訴催眠對象注意力集中在擺動中的擺錘上，手拿著擺錘不能動，但是想它在擺動（對思想反應，擺錘會在催眠對象眼前開始擺動）。

「注視著擺動擺錘，隨著它來回擺動，想，它使你的眼睛很累了，想，它使你的眼睛很累了，想，閉上眼睛（催眠對象閉上眼睛），掉入睡覺的領域。」

「想，你多麼愛睏啊！想，你拿著擺錘的手臂，有多麼沈重啊！想，手臂掉進懷裡，當手掉進你的懷裡，擺錘從你的手指掉到地板（手臂掉到懷裡，擺錘掉到地板）。」

「想你全身有多麼放輕鬆啊！你有多麼想要沈迷到睡覺，好，想睡覺，就睡覺去、睡覺、睡覺、睡覺、想，我要去睡覺，我要進入催眠睡覺。」

「當你進入催眠，想，你所有的憂慮如何消失了，你感覺美妙很棒，想，你現在有多麼平靜安寧

啊！隨著你掉入睡覺的領域，隨著你掉入催眠。」

「想，你的呼吸有多麼加深了！以睡覺的緩慢頻率呼吸，你掉入催眠了。」

「想，我現在，在催眠中，我的意識心智閃到一邊，我的潛意識心智準備好了，要來接受所有給我的抗老建議，所有渾扎長壽方法，我現在知道，該如何做，我用渾扎呼吸法，我的心智填滿了快樂的態度，我是自己的大師，我成為我想的。」（這一段及以下可以用其他建議取代。）

「想，我掉入更深，更深進入催眠，現在，我關於人生的態度，就是人生是快樂的，所有的疲乏，完全從我的心智和身體消失了，我活在自己內我所感覺的年齡。」

「你知道你自己在你內我之內，活在你最希望喜歡的年齡，那就是你真正的年齡。」

「當你的內我完全意識到你自己，活在你自己感覺在內我的年齡，你會自動地從催眠自己醒過來，回來和我到當下，然後，你在內心唱著歌曲，臉上帶著微笑上路，因為你已經從『青春泉源』喝了一大口。」

每一個人都要從「青春泉源」喝一大口；作為一個催眠諮詢師，你能提供那飲料。

111 轉入催眠

　　事實上，對象在上述的幾種催眠引導下，有一些已經進入相當深的催眠狀態，但是還是會有一些並不見得如此，不過，進行到此，通常需要先做個短暫的休息，半強迫性，要求對象上廁所，以免在長時間催眠中，因為膀胱太滿而清醒過來。

　　不管你採用那種催眠引導，做完催眠引導之後，必須確定做此──雖然有些對象已經進入催眠狀態，可是，絕大部分的人，還是需要被明確告知他已經進入催眠狀態，因此，這麼一句簡單的命令：「現在，你進入了深度催眠。」可以消除他心中很多的不確定性。

　　如果對象在上述的催眠前導過程中，已經有明顯的入神狀態，則正如任何催眠一樣，一定要給對象再催眠的後催眠建議（Post-Hypnotic Suggestion）；這個建議主要的目的是，在爾後的催眠過程開始，不必一切從頭來，只要簡短的一個指令，就能把對象快速帶入深度催眠狀態中，也就是事先種進去一個伏筆的指令；一般再催眠的後催眠建議通常如下：「以後，當你意識上同意我幫你催眠，每次在你聽到我說『睡覺』、『放鬆』或『完全放輕鬆』的時候，你就會進入比現在更深的催眠狀態，進入得更快更深。」

六、震撼與快速引導

112 震撼引導法

　　震撼引導法（Shock Induction），在中國可能叫「棒喝」法比較適合；中國古代的小和尚參禪久而無功，老和尚往往就會用這一招，從身後靜悄悄地走過來，一棒打下來，又大聲吼叫，小和尚被嚇到了，瞬間產生大量訊息單位超載，也就開竅了，十年想不開的問題，現在豁然開朗了。

　　這一招實際的動作與變化，可有很多種方式，每個人使用都略有不同，舞台表演的時候，有時候把人家的手大力一拉，喊著：「睡覺！」效果很震撼，觀眾覺得不可思議；但最主要的關鍵是：出·其·不·意，瞬間超量訊息單位超載轟炸；抓住這個重點，動作上可做各種變化，從不著痕跡者，到真的大吼大叫

大力推拉都有。

握三次手法，在最後一次握手終了的時候，突然把對象往前拉，也就是一種震撼法的變招，誰也不會預料到從很和善的握手，會突然轉變成往前快拉，失去重心，就是這個出其不意產生瞬時間的訊息單位大量超載；有時候，配合吼叫的聲音，連推帶拉把對象的上半身往前壓下去，使身體彎起來，這也是一種方法。

有的舞台催眠師使用把對象往後推倒的方式，也有往前拉倒的方式，對象的整個身體都進入一種「震撼」的情況，而達成帶入催眠的狀態。

113 震撼引導──閉上眼睛法

這個需要快速動作才會有效；若催眠對象是坐在椅子上，有如閃光般地快速轉過來對著他，用你的手指指著他，同時指令：「你……不能……從……椅子……站……起來。你……不能……站……起來……盡你……所能……努力……去試……試著它！」在試一會兒之後，對他說：「停止……嘗試……現在……並且……閉上……你的……眼睛。你的……眼睛……已經……關閉上……非常……緊地……一起……而且……你……不能……張開……眼睛」；在催眠對象已經嘗試而無法張開眼睛之後，繼續下去：「停止……嘗試……現在……你……很……快……入睡。你……

聽不到……別的……現在……除了……我的……聲音。你的……頭……往前……點下來……往……你的……胸部。你……很……快……睡著了……在……深沈的……催眠中！」

若建議以快速聲音和正面方式給予的話，伴隨著穩定地凝視催眠對象的眼睛，這個快速引導催眠方法會美妙的運作。

114 震撼引導──突然睡覺法

用一個你以前曾經催眠過的催眠對象，要他坐在椅子上，要他看著你的眼睛，穩定地看著他，大約十五秒鐘，不說一個字，然後，突然間正面吼叫：「睡覺！」當你說的時候，在他眼前做一個雙手通過，他的眼睛將閉上，他會立刻進入催眠。

115 震撼引導──「碰」椅子法

告訴催眠對象，你會使他坐回到椅子上並睡覺，這是建議。

要催眠對象站在椅子前面，要確定椅子是在他的後面，以至於他能安全坐回到椅子裡，要催眠對象閉上他的眼睛，集中注意你的建議：

「你的……椅子……就……在……你……後面。想……著……掉下……坐回……椅子……裡。你……

已經……感覺到……有一個……衝動拉著……你……往後……坐下……在……那張……椅子。你……正……在……往後……倒……下去。你的……膝蓋……已經……彎曲……而……你……正……掉下……往後……坐下……在……那張……椅子。坐……下……到……那張……椅子。往後……往後……你……往後。坐下……下去坐……下去坐……下去。」

　　催眠對象會開始擺動往後掉，強調他膝蓋彎曲，使他能正確往後坐進椅子，他將掉入他的椅子，發出明確的「碰」聲，就在他掉進椅子經驗這個「碰」的剎那，吼叫：「睡覺！進入……深沈……睡覺……現在……立刻！」

　　這一「碰」產生了一個震撼，立即抓著催眠對象的頭，旋轉它很多次，這個動作加深瞬間催眠，然後推他的頭到懷裡，並說「你……已經……進入……深沈……催眠……現在。深沈……睡覺。」

116 震撼引導──雙手合閉法

　　對象坐在椅子上，雙手齊肩平伸出，眼睛睜開，看著手掌相對大約十五到二十公分，催眠師把手握拳放在中間，不要讓對象的手掌碰到，催眠師說：「現在把眼睛閉上，想像我的拳頭是一塊很強的磁鐵，你的兩個手掌是小鐵片（對象眼睛閉起來以後，催眠

師把手抽出來，用雙手掌包圍在對象的兩個手掌外面，但不可以碰到），我拳頭的磁場，隨著你每次的呼吸，越來越強，越來越強，你的手掌越來越靠近我的拳頭，越來越近，越來越近（急促）……」當對象的手掌大約相距五公分左右的時候，催眠師快速大力的用自己的雙手把對象的手掌壓合併（最好能拍出聲音），馬上往前拉，大聲說：「進入深度催眠！」

在這個方法中，對象原本眼睛睜開，看著你在他雙掌之間的拳頭，當他閉上眼睛，雙掌往內靠的時候，他預期會碰上你的拳頭，但（你已抽出拳頭了）一直沒碰上，期待（產生焦慮）心自然增加，他心理預期隨時會碰上你的拳頭，然後，你突然間把他的手壓在一起，他的手掌（內面）沒碰到所預期你的拳頭，而是自己的手掌，又聽到大聲喊叫，以及往前拉下的力量，在這剎那之間，太多他沒有預料到的意外事件發生，產生大量的訊息單位超載──關鍵就在此。

117 震撼引導──三次握手法

這一招是已故專門訓練醫師快速催眠引導的催眠大師達夫‧奧門（Dave Elman）所發明的，應用得當，可在三分鐘內把對象帶入最深度的催眠入神狀態。

背景：被催眠者知道（認識）催眠師；催眠師走

向被催眠者説：

「我要和你握三次手，第一次握手的時候，你的眼睛越來越疲倦，很想睡覺……讓它發生。」

「第二次我握你的手，你的眼睛就想閉起來，把眼睛閉起來……讓它發生。」

「第三次我握你的手，你的眼皮會黏得很緊，即使你努力嘗試也打不開。」

「瞭解嗎？請點頭。」（等待被催眠者點頭。）「你要它發生，也看著它發生。」

（開始進行。）「1，我握住你的手，上下搖動你的手，你的眼睛看著我，越來越疲倦，你要這件事發生，讓它發生吧！」

「2，現在我第二次握你的手，你的眼睛好累哦，你想把眼睛閉起來，你要這件事發生，閉起你的眼睛。」

「3，現在我第三次握你的手，你的眼皮黏在一起了，」（強調語氣）「你越想睜開，眼皮黏得越緊」（重複幾次，這就是一種挑戰以加深催眠深度。）「你要這件事發生，就發生了」；抓著被催眠者的手，用力往前拉，把他的上半身往前拉下來，大聲説：「深沈入眠！睡覺！」（這部分是震撼引導法。）這時候，被催眠者就已經進入深度催眠了。

這一招有一個要點，那就是在每次握手的時候，要等到你看見並確定了對象有你所要的反應才把手放開，否則繼續握著他的手，上下握手移動；剛學催眠

者往往沒有注意到這一點，很快握了三次手，結果對象眼睛還是睜得大大的，沒有進入催眠。

118 往前拉手震撼引導法

要對象面對著你坐下，雙手往前伸直，手掌相對，手指向前指著；對他說你要催眠他，並取得同意被催眠。

要對象做三次深呼吸，在第三次吐氣的時候，叫對象把眼睛閉上；一旦對象把眼睛閉上之後，告訴他說：「想像在你的兩手掌之間，有一塊很大的磁鐵，磁鐵的吸力很大，你的手掌越來越靠近……」並且想像他的兩手掌越來越靠近；繼續重複這個手掌越來越靠近的建議。

然後說：「就在我拉你手的瞬間，你就會立刻進入催眠」；當他的手掌快要碰上的時候，往你的方向快速拉他的雙手，喊出：「睡覺」，對象會在椅子裡往前傾下來，然後說：「你現在已經深深被催眠了，隨著你每一次吐氣，越來越深進入催眠。」

「當我舉起你的手，而且在我放開的時候，你會進入十倍更深的催眠睡覺。」

接下來加深。

119 眼睛震撼引導法

告訴對象説，你馬上要瞬間催眠他；要對象坐在椅子上，手掌放在大腿上，要對象把眼睛閉起來，説：「待會兒，我的手會碰到你的肩膀，當我手碰到你肩膀的時候，睜開你的眼睛，看著我的眼睛。」

「當你瞪著我眼睛的時候，我會説：『睡覺』，你就閉起眼睛，頭立刻往前點下來，你的身體立即放鬆，你立即進入深沈催眠睡眠；當我碰到你肩膀的時候，你睜開眼睛，看著我的眼睛，我會説『睡覺』這兩個字，你的眼睛立刻閉起來，頭點下來，你立即進入深沈催眠狀態中。」接下來加深。

這招對於曾經被你催眠過的對象非常有效。

120 從對象手中抽手法

要對象伸出一隻手，手掌向下，你也伸出手，手掌向上頂著對象的手掌；告訴對象你要立即催眠他；要對象盡力壓著你的手，並説你會用力頂著對象的手。

然後要他瞪著你的眼睛，接著説：「1，看著我，2，更重地壓下來，更重壓；3，感覺到你的眼皮越來越重，越來越睏，越來越想睡，越來越閉起眼睛。」然後，突然間，把你的手從下抽出，同時彈指，並在同一時刻説：「4，睡覺」，也用另一隻手壓下對象的

頭；此快速超載過程，對於產生更深度催眠的效果很
好。接下來加深。

121 雙手反向打轉引導法

要對象坐著，告訴對象，當你算到 3 的時候，
你要他雙手往自己的方向開始打轉；當你說：「反向」
的時候，要他手打轉的方向立即反轉過來，每次你說
反向的時候，對象就反方向打轉；當你要對象進入催
眠狀態的時候，對象就會進入深沈催眠睡眠。

接著，你說：「1、2、3」，你帶著對象開始雙手
打轉，稍後說：「反向」，你自己的手也反向打轉；
在對象反向打轉之後，對他說：「更快！更快！反
向！更快！更快！反向！反向！反向！更快！更快！
反向！反向！反向！更快！反向！反向！」；然後以
一隻手碰觸對象的前額，把頭稍微往後推，命令說：
「睡覺，你已經深深被催眠了」；這是一種超載快速催
眠引導，透過混淆，產生很棒的結果。接下來加深。

122 睜眼閉眼引導法

告訴對象你即將催眠他們，先把眼睛閉起來，接
著，當你算到 3 的時候，你要對象睜開眼睛，接著，
當你彈指的時候，你要對象再把眼睛閉上，每一次你
算到 3，對象就再度睜開眼睛，然後，當你彈指的時

候，又把眼睛閉起來；每一次你彈指，對象要把眼睛
閉起來；現在你開始困惑對象，開始算 1、2，然後，
暫停一會兒（對象可能睜開眼睛），現在快速說 3，
並彈指；如此重複多次，對象很快就會完全被搞糊塗
了，而快速進入催眠狀態。

　　你所要做的是透過算數字、暫停和彈指困惑你的
對象，當你認為已經產生了足夠的超載之後，用一隻
手碰著對象的肩膀，另一隻手放在對象頭前頂端，
說：「睡覺」。對象會往前放鬆他的頭，掉入你的手
中，撫摸頸下背部來放鬆脖子和頭，並說：「放鬆你
身體每塊肌肉、神經、纖維，容許你的身體放鬆軟。」
接下來加深。

　　其實這一招和前招是類似的，原理一樣，都是透
過快速的相反動作，造成混淆，讓對象沒有機會再使
用理性把關區去分析，也就是所謂的跳越過理智分析
區域（bypass the critical area of mind），而進入催
眠狀態；瞭解了這個原理之後，就可以演化出很多類
似的變招，如下：

123 快速引導法變招

　　123.1　吸氣／吐氣。

　　123.2　左手輕／右手重。

　　123.3　手臂（眼皮，或身體某部位）繃緊／放
鬆。

……等等，催眠師可好好應用自己的想像力發揮。

124 吸氣吐氣快速引導法

告訴對象坐在椅子上，手放在腿上，往前直看；告訴他們，你的手臂會在他們之前上下移動，每一次你的手往上，你要他們吸氣，每一次你的手往下，則吐氣；當你告訴他們閉上眼睛，他們的眼睛就閉上，他們的頭立即點下來，進入深度催眠睡覺；現在開始，每一次你手臂往上或往下，說：「吸氣、吐氣、吸氣、吐氣、吸氣、吐氣。」

做這個動作大約五到七次，然後，說：「閉上眼睛！『睡覺』！」，然後，就在此時，輕輕地以一隻手把他的頭推下，另一隻手放在對象的肩膀或脖子底背端，說：「現在，放鬆你身體每塊肌肉、神經、纖維，容許你的身體放鬆軟，像個布娃娃。」接下來加深。

125 閉眼法

本法主要透過建議：「閉上眼睛，你入睡。」你必須以快速聲音下達命令；完全抓住對象的注意力，你的眼睛也要一直瞪著他的眼睛，一直到他入神，然後，你才能應用抬起他的手臂並建議他不能放下的

「睡覺測試」。

本法需要動作快；也很有效；如果對象剛好坐在椅子上，閃電似轉向他，並以手指指著他，你命令：

「你……不能……從……椅子……站……起來，你……不能……盡……你……努力……嘗試，嘗試！」

在他嘗試一會兒之後，對他說：

「停止……嘗試……現在……並且……閉上……你的……眼睛，你的……眼睛……已經……閉上了……非常……緊緊……在一起……你……不能……睜開……眼睛。」

在對象無效地嘗試睜開眼睛之後，繼續說：

「停止……嘗試……現在……並且……快快……去……睡覺，除了……我的……聲音……之外……你……聽……不到……現在……你的……頭……正在……點下來……往前……到……你的……胸前，你……快快……去……睡覺……進入……深度……催眠！」

如果這些建議以快速聲音正面方式給予的話，伴隨著穩定地瞪著對象的眼睛，這種快速引導催眠法相當有效。接下來加深。

126 兩隻手指法

催眠師說：「坐好！眼睛看著我！深呼吸！（可

以多次。）閉上眼睛，再深呼吸……睜開眼睛看著我
的手（把手放在對象面孔前上方），我將用兩隻手指
頭在你的面前比畫下來，把你的眼皮閉上（動作：拇
指和食指略略分開成 V 形，在對象面前由上往下比
畫下來，推下被催眠者的眼皮使之閉上，手指停放在
眼皮上）。」

「我要你放鬆在我手指下面的眼皮，全部放鬆。
現在，我把手指放開，你的眼皮更放鬆，完全放鬆
了，黏住了，麻痺了，完全睜不開，你越想睜開，越
沒有力氣睜開，完全放鬆了，完全進入催眠狀態，睡
覺（加強語氣），深深地放鬆（接著，可做挑戰、逐
漸放鬆，一次一次地由頭做到腳，並建議麻痺沒有感
覺，扭他、搯他四肢的肌肉）。」

127 快速雙手引導法

要對象伸出雙手，伸直，手掌相對，大約分開
十五公分。以下是其說詞：

現在，你可以把手放下放到身邊，待會兒，我會
要你再把手伸出來到這個姿勢，你會在短短幾秒鐘之
內，進入一種美妙催眠狀態，你願意嗎？（你必須在
繼續之前，取得對象的同意。）

現在，把眼睛閉起來，做幾次深呼吸，把吸進來
的空氣稍微憋著幾秒鐘，然後才慢慢吐出去。

待會兒，我要你像剛才一樣，把雙手伸出來，當

我要你伸出手來的時候，我會要你也睜開眼睛，遵照我簡單的引導。

現在，繼續放鬆自在，我要你把手伸出來，就像剛才那樣。

對象把手伸出來之後，調整他雙手的距離到大約十五公分，把你的食指放在眼睛高度，告訴對象眼睛跟著你手指頭移動，慢慢地把你的食指移到他雙手之間。

現在，我要你注意力集中在我的手指頭，待會兒，我會把我的手指頭移開，但我要你注意力集中在我剛才手指頭的位置。

很快把你的手指往下移開。

你做得很好，注意力完全集中在我手指頭曾經在的那個位置。

我要從 3 算到 1，當我算到 1 的時候，讓你的眼睛閉起來。

3，你的眼睛越來越沈重，越睏。

2，眼睛內開始有一點點淚水。

1，眼皮非常沈重，讓它們閉起來，放鬆。

即使你的眼睛閉著，你還是可以想像你雙手之間的那個點。

我現在很溫和地碰你的手，你會注意到你的雙手開始靠近起來。

待會兒，你的雙手會碰在一起，當雙手碰上的時候，你整個身體會感覺到放鬆柔軟，你將進入深沈的

催眠狀態；雙手越來越靠近，越來越靠近，當雙手
碰上的時候，整個身體放鬆柔軟，你進入一種很特別
的睡眠，現在快到了，快要放開了，當雙手碰到的剎
那，你進入一種很特別的睡眠。

　　隨著對象的雙手越來越靠近，你的雙手放在他雙
手的外邊，稍微碰觸，輕輕地推他的雙手靠近；你要
準備好，當他雙手碰在一起的時刻，就在那剎那，快
速壓進他的雙手，給予「睡覺」的指令，同時也輕輕
地把對象的雙手往下壓，這會使對象的雙手從手腕處
彎曲，讓手臂垂到對象的身邊。

128 快速閉眼引導法

　　適用於小孩子；大部分的小孩子很快很容易進入
催眠；雖然閉眼法適用於大部分的小孩子，有一些年
紀比較小的孩子可能不適用，因此，總要先問問小孩
子，願不願意把眼睛閉起來。

　　「××（小孩名字）你喜歡玩假裝的遊戲嗎？我
要你為我假裝，好嗎？好，很好，現在把你的眼睛閉
起來，把眼睛閉著，我要你假裝，不管你怎麼努力嘗
試，只要你有假裝，你都沒辦法睜開眼睛，就是睜不
開眼睛，很好，繼續假裝，到我要你停止的時候，才
停止假裝；你家裡有電視嗎？好，把它打開好嗎？現
在演什麼？……大聲一點好嗎？好，現在演什麼？」

　　在此法中，正確的字眼並不重要，必須看著情況

調整，目標是引發小孩子的想像力來把眼睛閉起來，此想像力是小孩子玩假裝遊戲中經常使用到的，當你觀察到他無效地試著睜開眼睛，催眠就已經開始了；取得孩子同意維持假裝到你要他停止之時，是本法重要的一點；透過延伸他的假裝，小孩子可以被帶回家裡，看著他最喜歡的電視節目，可以要他描述所看到的內容細節，此時，已經進入了催眠狀態；通常伴隨著大人進入催眠的身體放鬆，在小孩子身上往往不明顯，小孩子在催眠中還是很活躍。

七、加深催眠

129 從一百回頭算加深法

現在準備好用以下的技巧，來加深催眠深度；對催眠對象建議：

「你已經進入一種很棒身體放鬆的狀態，但若你也能把你的精神放鬆，你就會發現感覺比你現在一百倍更好，你只要照著下面來做。」

「當我告訴你，我要你開始回頭算數字，從 100 開始，每一次你說一個數字，你的放鬆就加兩倍，當你算到數字 97 的時候，數字就會從你的心上消失了，數字簡單地淡化了消失了，你再也想不起任何數字，沒有關係，現在，深深地放鬆，說第一個數字，加倍你的放鬆，看看什麼發生了。」

（催眠對象說第一個數字。）

「100。」

你指導：

「很好！現在加二倍你的放鬆，數字開始消失；說第二個數字，現在。」

（催眠對象說第二個數字。）

「99。」

繼續下去──一直到數字 97，在這點你指導：

「現在，所有的數字都不見了，完全消失了！在你心上再也不能看到任何數字，你找不到任何數字了，完全消失了，很好，現在，隨著每次你呼吸，越來越放鬆，注意到你感覺到有多麼放輕鬆和美妙。」

若催眠對象繼續再回頭算，以這個建議停止他：

「你做得好，但現在停止說出任何數字，在數字之間放鬆，放鬆使數字消失；現在，我拿起你的右手，並讓它掉下來，當我把你的手放掉，同時也把那些數字放掉。」

拿起他的手來，往他的懷裡放掉，並建議：

「現在，數字完全消失了，數字從你的心掉了，完全消失了，你再也找不到任何數字，數字從你的心智完全消失了，你的心智和身體現在放輕鬆。」

這個過程把催眠對象帶入深沈催眠，開始產生健忘，如在忘記數字之內所示範的，注意到，你並沒有說催眠對象不能記得任何數字，你只說過他再也找不到任何數字；善用語言是有效地建議的關鍵；透過測試失去記憶的增加，繼續進一步引導過程，你建議：

「現在，你非常完全地放輕鬆，身體和精神完全都放鬆了；若我問你的電話號碼，你找不到，無法告訴我：好嗎？」

催眠對象以搖頭或小聲說「不」來回應，用此溫和方法，你已經引導了失去記憶反應，它是一種深沈眠遊階層催眠的特性；現在，你準備好給催眠對象潛意識任何他想要的建議公式，因為這是催眠對象被催眠的主要目的。

在此催眠方法，整個催眠對象的注意力集中在達成身體和精神放鬆；這種方法能很有效地引導催眠，有些人反對去睡覺的觀念，因為那暗指失去意識失去控制，這種方法就會很適合。

13⓿ 從一百回頭算加深法變招

上述方法也可要求對象自己心裡默念，或小聲地自己算，並且也可要他在算完每個數字之後，做一次深呼吸，或 6363 深呼吸，效果更好。

131 手臂僵硬挑戰加深法

把對象催眠後，接著做。

「現在，你在深度催眠睡覺中，全部放鬆了，很舒服地坐在椅子裡，你開始感覺你的右手和手臂好像有人推擠，你能感覺這推擠越來越強烈，在你的右手

和手臂更強烈──從你的懷裡拉起你的手臂；就是這樣⋯⋯在你前面直直伸出來，你感覺你手臂的肌肉越來越僵硬，僵硬，以至於無法彎你的手臂，你的右手臂非常僵硬，僵硬到不能彎曲它，盡力去試，但就是無法彎它，它很僵硬像鐵棒一樣，你的手臂好像癲癇一樣，嘗試，努力嘗試去彎你的手臂，但它就是不能彎，因為它非常僵硬和僵直。」

132 累增性建議法

（接續前招）

「現在，我將慢慢地從 1 算到 3，在我算到 3 的時候，你僵硬的手臂就立即鬆軟掉下來，鬆軟像一塊抹布一樣軟，掉進你的懷裡⋯⋯當你的手打入你的懷裡的時候，把你送入比現在更深十倍的催眠中；1⋯⋯2⋯⋯3⋯⋯你的右手臂掉下來，鬆軟像一塊抹布，掉進你的懷裡⋯⋯你進入十倍更深的深沈催眠睡覺。」

對催眠師來說，這是一個重要的技巧，因為對某一個建議的回應，導致對別的建議之回應，接下來那個，加深對象催眠的催眠深度，這是一種累增性的建議（Compounding of Suggestions）過程，並利用最後的那個回應來強化入神。

你繼續建議：

「現在，仔細地聽，照著我每個建議正確地做，

待會兒，當你醒來，你不記得手臂僵硬和僵直……
那個經驗的記憶完全消失，好像你心智的一個夢；當
你醒來，你會覺得只是在椅子裡小睡了一下而已，然
後，你會看到另外一張椅子在你面前，你立即走到那
張椅子坐下，因為那椅子看來很舒服……當你坐進那
張椅子的時候，你變成很愛睏，立即睡著了。」

「當你醒來，你正確地覺得你好像只是小睡了一
下，你看到另一張椅子在你面前……你走過去，坐下
去……當你坐進那張椅子的時候，你立即睡著了。」

「都準備好了，現在，準備好醒來，我要從 1 算
到 5，當我算到 5 的時候，你再度完全清醒和感覺
很好……1……2……你開始醒來……3……你正在醒
來中……4……醒來……5……你完全清醒和感覺很
好。」

確定在房間另一邊、他的面前放一張椅子，好讓
他能遵照你的催眠後命令；仔細地觀察你的對象，當
他開始對建議有所反應，你就繼續建議：

「就是這樣……走到你面前的那張椅子；就是這
樣……走過去；它看來很舒服，你只想坐進去；就是
這樣……走過去，坐進去，哇，那張椅子感覺好舒服
哦！非常舒服，它使你愛睏想睡，現在，在那椅子裡
睡覺，深深地睡，在深沈催眠中睡覺，就是現在，熟
睡；就是這樣……深睡去，現在，深深地呼吸，深沈
睡，深睡。」

這個對象跟著你建議動作的技巧很重要，它會加

深催眠；你現在準備好了接下來的對象自我催眠訓練
步驟（下一招）。

133 立即催眠加深法

（接續前招。）

「你現在睡在舒服椅子裡，熟睡，沒有任何東
西能打擾你，沒有任何東西能干擾你，因為你熟睡
了。」

「現在，你已經非常舒服地睡了，我要你開始想
到醒過來，我要做的是，我將慢慢地從 1 算起，當我
算到 5 這個數字的時候，你再度完全清醒過來；夠公
平吧？好，讓我們嘗試；有一件好笑的事情，當你醒
來，你會驚奇地發現自己坐在另一張椅子裡……甚至
你會困惑，你是如何坐進這張椅子的，你原本應該坐
在房間那邊的椅子內，你知道……當你體會到正在發
展控制你潛意識心智的顯著力量時，你會很迷。」

此建議的處理越來越少命令式，而轉成討論的方
式來給對象，變成越來越多的意見提供；你會發現對
象在催眠狀態越是有效使用，在給予建議的時候，就
越少需要命令式（嚴父性），而是需要改用討論式（慈
母性）的（幾乎和在清醒狀態與人討論相同）建議。

「當我引導你，仔細地聽我說，此時此刻你熟睡
了……但我要從 1 算到 5，現在，在我算到 5 的時
刻，你再度完全清醒……在你睜開眼睛片刻之後，你

凝視著我的眼睛，你再度快速進入催眠睡覺；瞭解嗎？在我算到 5 的時候，你醒過來，然後在片刻之後，你凝視著我的眼睛，然後閉上你的眼睛，吐一口氣，快速沈回椅子，快速睡覺去……1……2……3……4……5；醒來，你完全清醒和感覺很好」。

在此點，你的建議是設計來調教（condition）對象能立即進入催眠的技巧；這個訓練對於掌控自我催眠非常重要；接著繼續：

「現在，完全清醒了嗎？感覺很好？好！好吧！坐在椅子裡，再往後靠，集中注意力瞪著我的眼睛，看著我的眼睛，凝視著我的眼睛……現在，睡覺去！閉上你的眼睛，你的呼吸加深，你再度熟睡。」

「很好，睡一會兒覺，我現在要再度從 1 算到 5，在我算到 5 的時刻，你再度完全清醒；因此，準備好要醒來；1，2，3，4，5！你完全清醒。」

「現在，完全清醒了嗎？感覺很好？好！我們再練習立即進入催眠，往後靠到你的椅子，再瞪著我的眼睛，深深地看著我的眼睛……再深度催眠睡覺去；你在催眠中熟睡，深深地呼吸，熟睡。」

「你現在學習了一個很偉大的技巧──立即進入催眠入神的能力；接下來，你要學習在任何你所想要的時間，為了任何你所希望的目的，如何催眠你自己，因此，在你的椅子裡放鬆，現在，準備好讓我的引導深沈進入你的心智……同時，你學習自我催眠的技巧。」

134 逐步放鬆加深催眠技巧

逐步放鬆（Progressive Relaxation）是加深入神狀態的一種重要方法，但不是引導進入催眠的方法；有很多催眠師，甚至大部分的催眠學派認為，逐步放鬆才是把對象帶入催眠的關鍵，其實，這根本就是一個最大的錯誤，逐步放鬆不是用來把對象帶入催眠狀態的，而是在對象已經進入催眠後，把他帶進更深的狀態，這一點請不要搞錯；把人家帶入催眠狀態，是因為催眠師（或環境）製造瞬間訊息單位超載，產生極大的焦慮，而自動引發跑的機制。

從技術上來說，逐步放鬆就是把對象的整個身體，一步一步地放鬆下來，有的催眠師從腳到頭，有的催眠師從頭到腳；我們比較喜歡採用從頭到腳的方式，原因是頭在上方，腳在下方，從頭到腳，暗中也隱含著越來越往下（下方通常指深處）的意思，這是一種順勢利用暗喻（Metaphor）的技巧，讓對象產生越來越深沈的放鬆。

催眠的台詞，可用類似於如下者，催眠師可以做各種變化：「好，現在，想像在你的頭殼上，在你的頭皮，有一百隻小手指頭按摩，把你頭上的肌肉完全放鬆，放得非常輕鬆，現在，這種放鬆的感覺下到你的額頭，你的額頭的肌肉完全放鬆了，眼皮的肌肉也完全放鬆了，實際上，眼皮肌肉放得非常鬆，好像洩氣的皮球，一點力量也沒有，你的眼皮黏在一起，即

使你想睜開眼睛，也睜不開，因為它們非常放鬆，你越試著要睜開眼睛，你越睜不開眼睛，因為它完全放鬆了，你也不想睜開（這是挑戰）。」

好，現在放輕鬆的感覺進到你的臉頰，你左邊臉頰的肌肉放鬆了，你右邊臉頰的肌肉也放鬆了，放鬆你的下巴，把下巴的肌肉完全放鬆了，你可能會覺得口有一點點乾，想吞口水，沒關係，這是很正常的現象，就吞一口水吧！你也可能會把嘴巴張開，因為你下巴的肌肉完全放開放鬆了，讓你的嘴巴稍微張開（這是比較困難的挑戰）；好，非常好，現在，放鬆到你的脖子，你脖子的前面、後面、左邊、右邊肌肉都放鬆了，完完全全放鬆了，一點力氣都沒有，就像個繃緊的橡皮筋現在已經放開了，鬆垮垮軟綿綿的，完全放鬆。」

好，現在，放鬆到你的兩個肩膀，你左邊的肩膀放鬆了，你右邊的肩膀也放鬆了，同時，也把你背部的肌肉放鬆了，放得非常輕鬆，好像浮在白雲上面，現在，放鬆你的手臂，到你的手肘，到你的兩隻手腕，到你的左手，到你的右手，你所有的緊張、壓力、煩惱、憂慮，都從你的指尖，隨著每一次你的呼吸流出去了，流出去了，你的兩隻手完全放鬆了，現在，放鬆你的胸膛，你胸膛所有的肌肉、血管、組織、細胞，都完完全全放輕鬆了，好像浸泡在放輕鬆的乳液裡面，好舒服，好棒，完全輕鬆。」

隨著你每一次的呼吸，你更放鬆，現在放鬆你肚

子的肌肉，放鬆你腰部，你的臀部肌肉也放鬆了，小腹也完全放輕鬆了，沒有一點緊張，沒有任何壓力，完完全全放輕鬆，從你的頭頂到你的臀部，都完完全全放輕鬆了，感覺很好，很棒。如果我抓起你的手，你的手是完全放輕鬆的，就像個布娃娃一樣，完全鬆垮垮軟綿綿的（抓起對象的手，檢查對象放鬆的情況，若對象還有意識上的抗拒，就會有僵硬抗拒的反應），當我把你的手放下的時候，你就進入更深的催眠，放得比現在更輕鬆十（任何）倍，完全沈浸在放鬆之中。」

「好，現在，這種美妙的放鬆進到你的大腿，你右邊的大腿現在完全放輕鬆了，你左邊的大腿也放輕鬆了，放鬆到你的膝蓋，你兩個膝蓋都完全放輕鬆了，你右邊的小腿現在也放鬆了，左邊的小腿肌肉也放鬆了，放鬆下到你的腳，左腳放鬆了，右腳也放鬆了，完完全全都放鬆了，現在，放鬆到你的腳趾頭，所有你身體內殘留的緊張和壓力，現在都從你的腳趾尖流出去了，隨著你每次的呼吸，你把所有的緊張和壓力都放開了，完全放開，流出去了，流出去了。從你的頭頂一直到你的腳尖，你整個身體，從頭到腳，都完完全全放輕鬆了，進入更深的催眠睡眠，更深，更深的睡。」

以上的參考文稿，可作為通用性使用，在其中催眠師可按照需要，隨時隨處插入其他文句，如：完完全全放輕鬆等字句，或其他促成進入更深的文詞，

催眠師可做各種調整，並不要一字不變地把台詞背下來使用；也可多次分段使用，甚至在多次重複的過程中，有的可以短一點，有的完整一點，自由變化，每次的逐步放鬆，可夾著以下的加深催眠技巧，也就是（長）逐步放鬆→加深→（短）逐步→加深→（短）逐步→等等。

　　逐漸放鬆的過程，一般最少要二十分鐘；逐漸放鬆有的長，有的短，其中有一些在使用的時候，還可以故意把順序弄錯（見誤導之妙用），比方說，從頭放鬆之後，就跳到屁股放鬆，又回到手臂放鬆；這樣子做，催眠師可以用來看對象進入催眠的深度——如果對象還有意識（清醒＝抗拒），則他會發現催眠師「弄錯」了，反之，若對象有照著引導進入更深的催眠狀態，他就只會照著做，而進入更深的催眠深度。

135 倒數法加深催眠技巧

　　這一招要對象自己在心裡默默地從 100 往 0 回頭數，並要求他每次算一個數目，做一次深呼吸（或 6363 深呼吸），在吐氣的過程中，他對自己說：「我現在兩（N）倍更放鬆」；請不要小看這一招，看起來非常簡單，卻是非常厲害，我們曾經花了兩個多小時在某對象上，他已經進入大約中度的催眠狀態，但是怎麼努力，就是不肯進入深度的入神，幾乎已經要放棄了，最後用這招，死馬當活馬醫，果真有效，在

他還沒有算到 97，他已經進到所要的深度，數目再也不見了，完全消失了。

不要忘記要提醒他：「很快地，數字會不見了（大約 98）」，要不然，被催眠者很可能一直算下去。

136 下樓梯法加深催眠技巧

本招有一點兒類似於上一招，但是比較和日常生活實際情況接近，對被催眠者說：「現在，想像我們站在一個樓梯頂端，這個樓梯有十個階梯可以走下去，旁邊有個很安全的扶手，非常安全，我們待會兒要一起走下這個樓梯，每走一階下去，你兩（十）倍比現在更放鬆，進入更深的催眠睡眠，現在，我們從最高的第十階走下去，現在，從左腳開始，10，……，兩（十）倍更放鬆，9，……（一路慢慢地算下來，可以夾雜著更放鬆等句子，其間也可以暫停、故意把數目算錯、顛倒算等刻意的混淆）……1，再兩（十）倍更放鬆，好（大聲彈指），深深地睡，進入完全的催眠睡眠！」

當然啦，除了走樓梯之外，也可以搭電梯下去，一層樓一層樓地下去，暗喻的故事不一樣，但是本質相同；請注意，前面的倒數法和本節的下樓梯法，都有一個共同的特性，就是由高由大往低往小的方向，原因何在？一般人把低小聯想到深遠，越遠越深，就會看來更小更低，我們就是要對象進入更深更遠的催

眠中，因此，同樣的算數目，不要由低小的往高大的
去算，除非你是要把他叫醒過來；這是一個容易被忽
略的竅門。

137 大自然美景暗喻

　　對於一般人來說，在某種優美獨處的大自然環
境中，他的心情就會自自然然地放鬆下來，因此，
可以引導對象去想像（Imagine），或者想像看見
（Visualization），他獨自在某種大自然的環境中，
如：「想像你現在躺在一個很漂亮的海邊，完全屬於
你自己的海邊，沒有任何人干擾你，微風輕輕地吹過
來，陽光暖暖地照在你身上，你聞到空氣中帶著一點
點的鹹味，你躺在溫暖柔軟的沙灘上，看著海浪一
波又一波地打到海岸，每次海浪進來，讓你更放鬆，
帶給你更多的自信心，感覺更好，隨著每一波的海浪
退下去，把你的緊張和壓力也都洗掉了，都沖掉了，
把你帶入更深的催眠睡眠中，海浪進來，讓你更放
鬆……海浪退下去，帶走了你的煩惱……。」

　　接著，可引導對象「融入」該暗喻之中，比方
說，在上述的暗喻中，要他「變成海邊的沙子，完全
被海水洗得乾乾淨淨」；這類的大自然暗喻，還有高
山、草原、小溪、某個寺廟、浮在白雲上……等等，
都是很好的題材——在此的要點是，透過催眠師的文
學造詣，以大自然為隱喻，在對象的腦子裡面製造產

生一幅畫面、一種情境,而且要對象活在該情景裡面
──在此,也可以看出,催眠師耍嘴皮的功夫有多麼
重要,吞吞吐吐地照本宣科背台詞,怎能把對象帶進
此情境中呢?想起古曲(元朝馬致遠〈天淨沙·秋
思〉):「枯藤、老樹、昏鴉;小橋、流水、人家;古
道、西風、瘦馬;夕陽西下,斷腸人在天涯」,這短
短的二十八個字,所描述的意境有多麼美啊!這就是
最頂尖的大自然美景暗喻催眠引導啊!

雖然這是一種一般性的暗喻,並非直接式的時間
性回溯,其實是一種隱含性的時間回溯,對象所「到」
之處,事實上是他人生過去某個親身的體驗,或是從
某書、某電影等聽來、看來的情景(記憶),這是一
種記憶的回叫,把過去的記憶回頭叫出來──這就
是我們所要的,因此,這是最不著痕跡的年齡回溯方
法。

請注意,任何人都能想像,但不是所有的人都可
以想像看見,對於藝術家、設計工程師、有打坐冥想
習慣者等,通常可以想像看見,有的人甚至除了景象
之外,還可以看到各種不同的顏色,甚至「聞」到花
香,「聽」到小鳥歌聲,有些人只能看到「黑白錄影
帶」,也有些人根本無法在腦子裡面「看見」任何東
西,催眠師可以透過問話的方式知道,到底對象進入
何種情況,如果他無法想像看見,那就要他想像就可
以了;又,往往可以讓原本無法想像看見的對象,透
過催眠「學會」想像看見,在他的年齡回溯,或前世

催眠之後，甚至還可把他所「看見」的景象面孔等，實際又非常詳細畫出來給你看，這不是已經從只能想像「進步」到想像看見，那是什麼？

138 略有時間性的暗喻

做過上述的大自然美景之後，接著可帶領對象回到快樂的童年，或以前某個快樂的時光（有些人可能沒有快樂童年），這些都是比較有時間性的，雖然可能不是明確的時間（某年某月某日某時），而是某個事件（event）（快樂童年、第一天上學、某快樂時光、初戀、洞房花燭夜等等），從我們的經驗來說，不要使用某特定明確的時間引進去，一般人記不得某年某月某日早餐他吃什麼，但是他可能記得某次他和一群小朋友去偷地瓜，一旦他回到那個事件之後，時間的參數也會陸陸續續出現，那時候，再問他，你幾歲？哪一天？上午下午？你穿什麼衣服？小朋友叫什麼名字？等等細節，可以陸續引導問出來。

引進去的暗喻本身，取材無數，網路上也有一大堆，要點是挑選適當的暗喻，在適當的機會使用在適當的對象上，以下簡短介紹幾種暗喻。

139 圖書館書本法

「你現在走進一個圖書館，裡面有好多書架，看

到書架上有好多本書，你抽出一本書來，你的名字在上面，你的照片也在上面，它就是記錄你過去所有事情的書，從現在到出生那一天，都在上面，現在，你打開第一頁，那就是今天，好，往前翻過去，一頁一頁翻過去，好，現在你翻到你小時候一個快樂的時光，那頁有個畫面，你非常快樂，你走進畫面裡面，你現在重新活在那個快樂的童年……」

本法對於喜歡看書（催眠師在最前面的意識層面溝通中可以知道）的對象會很有效；開始的時候，有的對象可能「看得」不是很清楚，此時，可以舉起對象的一隻手：「你的手舉得越高，影像越清楚」，或用手指碰對象的額頭，或彈指說：「打開電燈了，他可以看得完全清楚，看得非常清楚」，並且引他重新活在那個記憶裡面。

140 錄影帶變招

上述方法的一個變招，就是走進錄影帶出租店，從架子上取下一卷他以前生活的錄影帶法（對於喜歡看電影為嗜好的對象）；這兩種暗喻，只要稍微做文詞的修改，同樣可以把對象帶回到前世（對於相信有前世、東方宗教信仰虔誠的對象），唯一的差別是，那本書（錄影帶）不是他今生的記錄，而是某個前世記錄（當然這完全是幻想，但這種前世的幻想，往往影射著他的今生某些但願如此的事件，值得詳細分析

推敲），就這一點不同而已——前世是可以量身訂製的；催眠師應該把握任何可以利用的催眠技巧和暗喻。

141 直接時間逆溯法

「現在，我要你回到昨天的記憶，你不必回答我，只要點頭讓我知道你已經回去了就可以了，想到你昨天早上做什麼，下午在哪裡，晚上到哪裡去，做什麼，好，現在，回到一個禮拜以前的某一天，回想起那一天的情況（暫停一下下），好，回到幾個月以前……現在，回到幾年前的某件事情……好，現在回到你一個快樂的童年……」

這是一種比較直接、幾乎沒有暗喻的年齡回溯，有些對象可以用，有的對象會有困難，萬一該對象使用本法行不通，沒關係，改用其他招數——招數多得很。

142 博物館逆溯法

「你現在走進一個博物館（美術館），牆壁上掛了很多畫，這些畫都是你人生的記錄……你現在走到一幅歡樂的畫面前面，你站在這幅畫的前面，看著這幅畫，越看越清楚，你越往前走去，看得越來越清楚了（彈指或碰額頭），現在我把燈打開了，你看得完

全很清楚,現在,你走進這幅畫裡面去,你重新活在畫裡面,你已經回到你這個快樂的童年……」

　　嚴格來説,本法也是圖書館書本╱錄影帶法的一種變種,但是本法讓對象自己選擇所要的畫面,這個畫面可以是他某個快樂的童年,也可以是他的某個前世,看你催眠師説溜了嘴講的是哪一個,沒有關係啦!前世還不是對象的某種幻想或記憶嗎?難道可以當真嗎?

　　(以下幾種方法,只簡單描述,原理一樣,暗喻不同。)

143 騰雲駕霧逆溯法

　　坐上一朵雲,飛過高山大海,降落在某地方(從前或前世)。

144 坐魔毯逆溯法

　　上法的變種,坐在一塊會飛天的魔毯上,飛到天上,降落在某地(從前或前世)。

145 走隧道逆溯法

　　走出某個隧道,隧道另一端就是從前(或前世)。

146 搭電梯逆溯法

從最上層往下降，某層代表某個從前（前世）。

147 大廳房間逆溯法

走進某個大廳，四周有很多門，每扇門代表某個過去或前世。

在把對象帶回過去（甚至前世）之後，接下來，可以問他幾個相關的問題，什麼事情？在哪裡？穿什麼衣服？聞到什麼？在做什麼？還有誰在場？那個人穿什麼衣服？氣候如何？──這些問題，盡量讓他使用到他的感官，並要他描述感官所得到的感覺，比方說，如果對象是在烤地瓜，要他描述地瓜的香味或吃起來的滋味，要他去摸一摸看看燙不燙等等，這些問題，事實上是一種引導，讓他不只是以第三人稱在「看」過去的錄影帶，而是以第一人稱重新活在那個記憶裡面──這是時光回溯的一個要點。

回溯的另一個要點是，不要光只是做一個快樂的童年回溯，多做幾個，甚至玩玩前世，主要的目的在讓對象能、並且熟悉記憶回憶的過程，這才是重點；在人的腦子裡面，儲存了無法計數的記憶，有如走進圖書館裡面，如果你不熟悉這些書是如何分類排列的，你就無法或很難找到所要的書，年齡回溯也是如此，我們做這些回溯，並不是要好玩的，事實上，無

論他的年齡回溯或前世內容本身,完全不重要,他想起小時候在偷地瓜或打彈珠,都沒有任何關係,要點是要讓他熟悉如何擷取他的記憶——每個人記憶的方式都不同,記憶項目也不見得完整(有些心理學家甚至說記憶本身有其殘缺性,人腦不是錄影機,不是把我們過去所有的每一件事情都巨細靡遺地完整錄影下來),擷取記憶的方式也可能都有所不同,正如每個圖書館分類的方法、書本擺置地點都有所不同一樣,因此,多做幾次,只有好處,不是浪費時間。

八、催眠喚醒

148 叫醒對象

　　叫醒很容易做，但它必須用溫柔的方式來進行，用體貼的方式。

　　在使對象深度放鬆之後，給予這些建議：「待會兒，我要叫醒你，你會醒過來，感覺很好，充電了，全身舒爽；現在，我慢慢地從 1 算到 5，我每算一個數字，你越來越醒過來，一直到我算到 5 的時候，你完全清醒；當你醒過來，你回到當下，你只會感覺很棒，你感覺充電了全身舒爽；好吧！現在，我開始從 1 算到 5，我每算一個數字，你慢慢地、溫和地和漸漸地醒過來──當我算到 5，你完全清醒；準備好，我要開始算了……準備好要醒過來；1，2，你開始醒來，現在，3……你的眼睛慢慢打開；你想要動一動

伸展筋骨，4……清醒過來，回到當下，5……你完全清醒，感覺很好。」

請注意以上的過程是如何逐漸消除催眠狀態（叫醒對象），溫柔而體貼，在它開始之前，對象被設定（Set）叫醒，換句話說，他會預先被告知；當叫醒過程開始，他被一步一步帶回清醒狀態；同樣的，以伴隨著福祉的建議叫醒，以至於當他回到當下，他感覺更新了，會極大地享受美妙的催眠經驗。

149 覆蓋（消除）被催眠記憶

通常進入深度催眠狀態，同時也會有將近百分之百的暫時性失憶，也就是不記得剛才催眠中發生了什麼事情，這一種情況很正常，而且對於被催眠者而言也沒有什麼永久性的壞處；當然，如果催眠師給予醒來以後記得催眠過程的指令，對象當然可以記得整個催眠過程。

不過，如果不希望對象記得整個過程，通常在叫醒對象之前，會給對象一個催眠後指令，不要他記得整個過程；以我們的經驗來說，這一點相當成功，所有被催眠的對象都不記得催眠過程，頂多只記得曾經被催眠過，但內容完全記不得。

當然，也曾經有一位對象，在六個多小時的催眠偵訊叫醒之後，曾有激烈的情緒發洩現象，這不是因為他記得（知道）催眠偵訊的內容，而是看了手錶，

發現在剛才有六個半小時過去，他卻一點印象都沒有，也想不起到底發生了什麼事情，他原本是希望十分鐘應付交差了事，卻沒有想到竟然有這麼一段長久的時間，他完全「失控」，因此，產生了激烈的情緒反應；這是很正常也可以解釋的後果。

因此，為了避免不必要的困擾，可用如下的方式，以更加確定對象不記得催眠過程內容：在叫醒之前，將對象帶回快樂童年，並給予不記得其他任何事情的指令，再給予他個人所需要的建議（如失眠、戒菸、腰痠背痛、增強自信心等等）；將對象再度帶到快樂童年的目的，主要是為了防止萬一對象對催眠有殘餘的記憶，他所能記得的只是他快樂童年和催眠治療這部分，其他不要他記得的，他就記不得；這是使用一個其他記憶來覆蓋（Blanketing）另一個記憶的方法。

150 喚醒法

心智喜歡按步驟做事情，因此一個從催眠中叫醒催眠對象的常用方法是建議：「我將慢慢從 1 算到 5，當我算到 5 的時候，你會很清醒感覺很好」；然後開始算，催眠對象醒來；在催眠治療叫醒催眠對象的過程中，可以告訴催眠對象，當治療建議對他有助益的時候，就從催眠中醒過來。

從催眠叫醒應該是一個溫和的過程，有如你所希

望某人從深沈睡覺叫醒你的；要記得，在引導催眠情況，你給的建議，要慢慢和溫柔地給予，因此，使用同樣溫和、寧靜的方式來消除催眠睡覺，也要記得，作為一個催眠師，你有責任叫醒催眠對象，讓他感覺很好，在各方面也都很好。

「很好，我……要……開始……從……1……算到……5。當……我……算到……5……你……就……會……完全……清醒。我要……開始……算了……因此……現在……準備好……要……醒過來……現在。1……2……你……已經……開始……慢慢……醒……來。3……你的……眼睛……慢慢……打開，你……要……可以……四處……移動伸展……4……你……再……清醒……一點。5。醒來。你……已經……完全……清醒……而且……感覺……很好！」

偶爾，你可能碰上某個催眠對象太過於享受被催眠了，以至於他討厭從催眠中被叫醒起來，沒有關係，讓他多享受催眠片刻，完全由他來決定，催眠對象會很快從催眠轉入自然睡覺，會照他自己的時間醒來，就如他每天早上從整夜睡覺中醒來一樣。

如果，無法讓被催眠對象繼續睡下去，而必須喚醒這種被催眠對象，其實有很多種方法，以下舉出幾種「妙招」：

●膀胱越來越漲法：告訴賴在催眠美境的被催眠者，隨著每一分鐘過去，他的膀胱會越來越漲，沒有

多久，他就一定會醒過來去尿尿。

　　●按時間收錢法：告訴賴在催眠美境的被催眠者，我們做催眠諮詢，是按著時間計費，時間越久，收費越多，非常歡迎。

　　●吹耳朵搖動法：如果以上兩種方法都還不管用，表示這位被催眠者實在太過於享受催眠妙境了，他不願意醒來面對「醜陋的世界」，那只好採用比較強烈的喚醒方法，可以先在他耳朵旁邊吹風，同時喊他醒過來，如果做過幾次，他還是不醒過來，或者一醒過來，馬上又掉進去，只好用最激烈的手法，搖動他的身體，一直到把他搖醒為止；但願各位還不必使用到潑水叫醒的最後一招。

科學催眠專業課程

你想進一步瞭解催眠的真面貌嗎？
你想學習科學性的專業課程嗎？
你所學過的催眠課程讓你困惑無力感嗎？

全球首創從科學的角度學習研究催眠學，修習本課程完畢後，經考核通過，可申請美國催眠師協會頒發之催眠治療師國際證照（費用自付）。

1 催眠是什麼？不是什麼？
相關法令、催眠歷史、催眠真假、催眠現象、催眠與睡眠、催眠定義

2 人類發展與催眠的歷史
生物與人類演化過程、科學進展、宗教發展、古埃及的影響、人類社會智慧、溝通模型、思想模型、近代催眠之崛起

3 人與禽獸異，幾希？
生理腦子、腦波、見鬼學、心理腦、信息單位、催眠法則

4 有關人類演化討論
透過影視節目，瞭解人的本質

5 你與世界的互動
聽話度、性特徵、你是誰？

6 耍嘴皮的功夫
各種催眠技巧、催眠師角色與態度、基本引導公式

7 催眠引導法練習（一）
練習幾種常用的催眠引導方法

8 催眠引導法練習（二）
練習幾種常用的催眠引導方法

9 從根救起
自我催眠、催眠師的人格養成

10 渡有心求助者
催眠諮詢模式、個別案例、諮詢分析

11 科學催眠研究
粉碎前世催眠、團體催眠、特殊運用、催眠研究

12 綜合討論

每堂課三小時，均有講義，也有家庭作業；學員必須閱讀很多參考資料看錄影節目；課程完畢，必須繳交成功催眠別人的錄影帶，才可申請美國催眠師協會頒發之催眠治療師國際證照。

詳情及報名─請與本書作者聯絡：黃大一
台北縣23159新店市安康路三段525巷43號　電話：02-2214-0517・0926-684-464
E-mail: timd_huang@yahoo.com
部落格：http://tw.myblog.yahoo.com/timd_huang/
　　　　http://blogguide.ettoday.com/dinodragon/index.php

成陽出版

舒讀網路書店
www.sudu.cc

科學催眠02
催眠150招

| 作　者 | 黃大一 | 發 行 人 | 張書銘 |
| 主　編 | 鄭嫦娥 | 校　　對 | 呂佳真、林其煬 |

出 版 者　成陽出版股份有限公司
　　　　　23644台北縣土城市永豐路195巷9號
　　　　　電話：(02)2265-1491・2273-5591
　　　　　傳真：(02)2265-9661
　　　　　E-mail：leader.book@msa.hinet.net
　　　　　網址：http://www.sudu.cc
總 經 銷　展智文化事業股份有限公司
　　　　　22047台北縣板橋市松江街21號2樓
　　　　　電話：(02)2251-8345
　　　　　傳真：(02)2251-8350
登 記 證　局版臺省業字第462號
法律顧問　漢廷法律事務所　劉大正律師
郵撥帳號　1900069-1　成陽出版股份有限公司
排　　版　陽明電腦排版股份有限公司
製版印刷　海王印刷事業股份有限公司
　　　　　23586台北縣中和市中正路800號11樓之2
　　　　　電話：(02)8228-1290
　　　　　傳真：(02)8228-1297
初版一刷　2007年12月
定　　價　260元
成陽書號　AA9002
I S B N　978-986-7132-36-9

國家圖書館出版品預行編目資料

催眠150招 / 黃大一著. -- 初版. -- 桃園市：
成陽，2007〔民96〕
296面；15×21公分. --（科學催眠；2）

ISBN 978-986-7132-36-9（平裝）

1. 催眠術
175.8   96012507